發現身邊的 美麗角落

文／攝影—黃明君

Contents

目次

味道　深切烙印的在地風味

確幸　觸動心靈深處的美麗符號

Preface

作者序

發現身邊的美麗角落

風光映入眼簾，進行式地收納視野，每時每刻追隨著行腳腳步，拉開了你我徜徉恣肆的旅遊序曲。

乘坐火車，傳動著軌道磨合聲，我倒非常樂意用一廂情願，慢慢數著一站又一站消磨時間的心態，去貼近我總以為是茫茫相隔的鄉鎮小村，或是偏遠的恬靜山野。

路途遙迢，卻捨不得打盹，不浪費一丁點的沙漏時光，緊盯窗外一派明麗的山光水色，會這麼做，只不過我想把行旅路上的期盼情緒，一絲一毫地刻印在腦海，將來跟自己也跟朋友一同分享。

抵達目的地的一剎那，翻騰異鄉情境的腦內啡湧上心頭，我抒懷樸實美事美人美物就在身旁的真切感，那般願想，就如同俯視點點繁星的銀河宇宙時，看見一道流光劃過激起的莫名興奮，綻放了心扉深處的舒坦，進而產生一種療癒良方來沈澱心情。

走訪台灣四方，海邊罟寮，山腳簡厝，深入偏鄉土地，甚而窮山惡水，我思忖用文字的交融情感，串連這本行旅人情的採訪散文札記，書中的內容雖然簡單平淡，但當你仔細品嘗，它卻能如此真切地生動活潑起來。

書中收錄二十一篇人文旅遊采風錄，都是用我平日跑新聞耐操耐勞的精神，在都市與鄉間奔走下，一字一句地刻劃出為生活打拼的小人物，用心耕耘出一片屬於他們的天空。

原來，從陌生到落落大方的友朋情誼，由遠而近，時時都在你我身邊浮現，從來就不曾因為相隔兩地而形成看不清的迷離光芒。只要心誠與心動，旅途中在身邊發現的人生價值和確幸感，原來是那樣地似曾相識。

見微知著，我領略許多原本以為過往雲煙般的行旅日常，我愷切地著墨每一篇章的散文話語，融合紙本書籍蘊涵的典雅質樸，似乎來年在時光漩渦裡，翻動那些深值品味的鄉情故事，仍能讓彼此時而溫存。

曾經回眸，庄下那條婆婆媽媽絮語浣衣的蜿蜒溪流，是否依然清澈；東部村童麻吉走過的邊陲小店，守著親切可人的態度還賣著莞爾的童玩零嘴……想著想著往往又是一趟車行遠距。

凡走過必留下痕跡，旅人心中的每幅行旅風情畫好比人生走馬燈，身旁我們習以為常的那些人那些事，每一頁的故事，都在當下不停歇地發生和改變著。

喜歡旅行就行動吧，下回換閱讀的你，回來說給朋友聽聽。

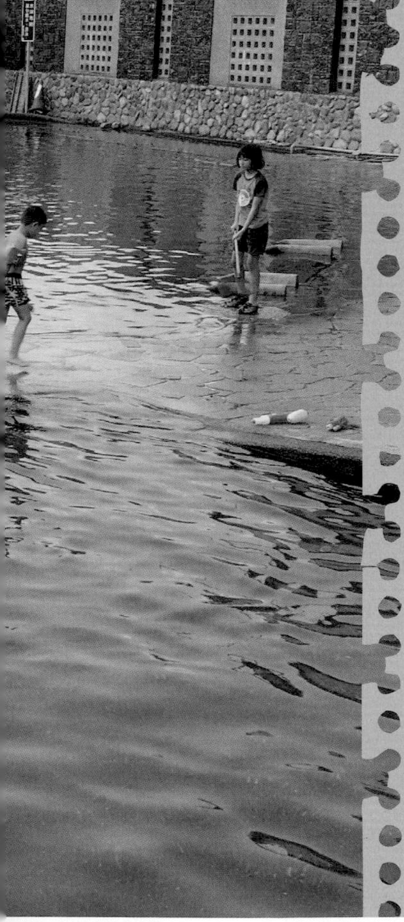

夢想

莫忘初心的執著

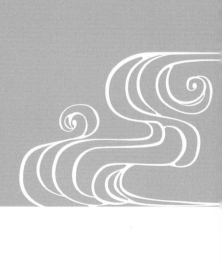

追求夢想的勇氣果醬

「農村小愛」手工果醬的神奇魔力不只是有好口感，還可以用來加油打氣，讓每個築夢的人擁有追求夢想的勇氣。

「人就好比是一隻遊鳥，而妳就是那隻遊鳥，不時飛來飛去，阿嬤今天看到妳，明天一覺醒來，睜開眼睛，妳又回去臺中讀書工作了。」湘伶（香菇）回憶過往那段半工半讀的日子，阿嬤常常是這樣對她說的。

「我離鄉背井出外念大學和打工的歲月，一晃眼就是五年光景。每當坐火車回家，看見窗外聳立的通霄火力發電廠的五根大煙囪，我就知道快到家（新埔站）了，心裡就會莫名的興奮和期待。」

農村女孩湘伶表示來過通霄新埔的遊人，腦海的這片土地印象，是海，是浪濤環繞的漁村景致。但成長在此的她，則有另番解讀，她內心最深刻的，是祖先留下的一畝畝農田，因為家裡這些年的經濟溫飽，一直以來依靠阿公阿嬤種玉米、地瓜、大頭菜、西瓜，載運至市場販賣換得的。

與湘伶約定好，我乘坐臺鐵，到她出入故鄉的新埔火車站下車，轉往她居住的村子，而新埔站為海線小站，所有對號列車均不停靠，必須搭乘西部幹線山線區間車轉乘海線區間車，方可到達新埔站，值得注意的是南下山線區間車和北上山線區間車，分別在竹南站和彰化站轉乘。

海線新埔小站，有湘伶一幕幕深邃的成長記憶。

往海邊指標反向走，就會到達新埔村落。

通勤電聯車，連繫著新埔女孩的懷鄉絮語。

紫紅色稠密桑葚，美味討喜。

各類手工果醬。

湘伶神情專注的攪拌，烹煮桑葚果醬。

手工果醬的魅力

我一邊看湘伶在廚房裡忙著，把剛從田裡採收來的桑葚，加上清甜的香蕉混合熬煮，香氣誘人，一邊瞧著木架上銀耳木瓜、紅酒漬番茄、有機洛神葵、鳳梨薰衣草、紫蘇酒釀紅肉李、神岡洛神花，各式各樣創新風味，玻璃罐裝的手工果醬，色系繽紛，讓我的心情扶搖直上，欲欲嚐鮮。

發掘更多在地故事

我好奇問：「是什麼原因，讓妳選擇回鄉做果醬行銷？」

「在我的記憶，小時候新埔有很多桑葚田，我的第一瓶果醬成品就是桑葚口味。從媽媽的手藝學習製作果醬的方法，我希望把鄉村滯銷的水果做成活絡通路。平日透過通霄小農的分享，我可以從他們身上發掘更多在地故事。」正把一瓶瓶果醬如呵護幼兒般放入宅配箱的湘伶有感而發的表示。

她進一步指出，果醬成品，可以延長水果的保存食用價值，變化多樣化口感，是值得推廣的農村副業。

親訪農園，湘伶喜愛接觸第一手果實的自然清新感。

將檸檬片放至屋外，自然風乾。

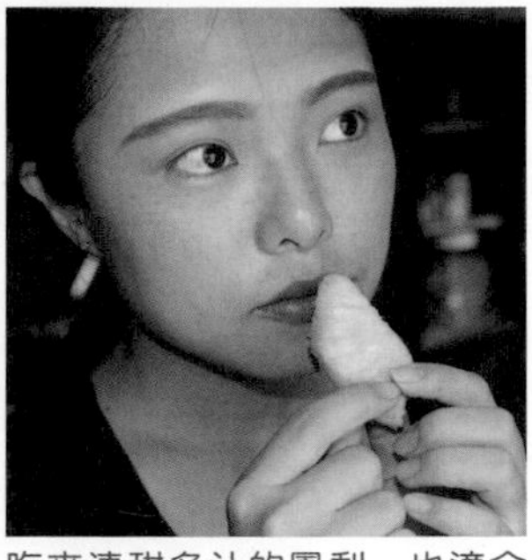
吃來清甜多汁的鳳梨，也適合做特色果醬。

向在地小農買NG果

融入果農的深耕思維

「漂亮的水果你拿去市集賣別人，把那些剩餘的、醜的、被蟲咬過的，都留給我。」湘伶親自從阿梅姨那兒，收購大量的火龍果，推廣當地品牌農作。她在阿輝伯身上，學習「少量產出，精緻經營」的努力標竿。

這天，我有幸跟著湘伶一同去造橋山上拜訪農友，觀察果樹實際生長與栽培。

由春蘭阿姨和陳大哥無毒栽培的果園，買來紫紅欲滴的鮮採桑葚，湘伶詳盡解說，向我分享她所以能夠做出多樣受人青睞討喜的果醬，應當好好地感激每位朋友辛勤照料，方能有優良質地的果實來源。

看見湘伶和農友一步一步漫走，踏著農地時而交換意見，愜意而笑的迷濛臉頰，我當下瞧見人與土地的連結與依存密不可分，原來這就是湘伶嚮往踏實的農村歲月，質樸卻安心自得，自然卻擁抱健康。

春蘭阿姨與陳大哥，是湘伶合作推廣作物的好伙伴。

觀察果樹生長，是湘伶自然而然的習慣。

與萬物和平相處，自然農法講求無毒栽種。

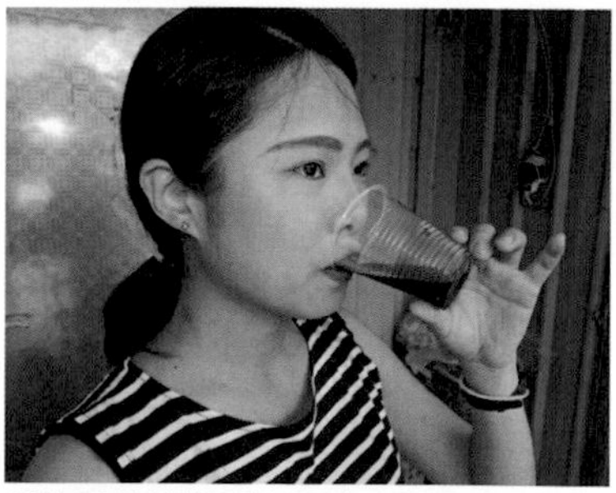

啜飲桑葚汁的原始風味，對湘伶來說是一種體會也是一份認真。

結實纍纍的桑葚，令人垂涎。

淘洗剛採下的桑葚，準備做桑葚汁。

增值果物身價

自創「農村小愛」果醬品牌，不求外表完美，但求使用品質新鮮的水果當原料，她自恃一套勇於嘗試方法，將這些賣相差的水果，全都變為一瓶瓶很有吸引力的果醬，提升果物重製價值，不被浪費。

依照節氣更迭，湘伶用創新想法，將水果、香草植物、酒類相融合，透過網銷、農村市集等販售。許多準備結婚的年輕族群知道這個消息，紛紛改以果醬、蜂蜜代替傳統喜餅，因此她總能接到不少訂單，也和婚禮公司配合，有穩定的銷售量。

有甜有鹹才是人生的味道

驅車回程，我和湘伶一路都在談論水果的甜膩豐采，儘管要在炎熱的天氣盡快把桑葚拿回家處理，湘伶還是方向盤一打，帶我進入通霄精鹽廠，目的是吃鹹冰棒消暑一下，順便參觀有別一般溫泉的海水泡腳區。果然是不一樣的農村女孩，有甜有鹹的交替思維，放鬆地去除事業心羈伴，適時給味蕾一丁點鹹味調和與交融，靈感來時，總會衍生美味果醬配方的好點子。

將農村蛻變成追夢基地

由屋內忙到屋外，長相甜美的湘伶，說與笑間，均散發迷人的樂活朝氣，她把平凡樸實村落，蛻變成充滿希望的境域，農居生活的原鄉如是蓬勃一新。

自幼由阿公阿嬤養大，知恩回鄉奉養。從未跟過阿公下田，在遭遇過土地徵收現實面，她深覺農地對農民的重要性，看見農民深耕的勞動身影和作物生長的時序環節，兩相依存得密不可分。

湘伶陪著阿嬤（阿蝦）蹲在門前的水井旁清洗蔬菜，潔淨的水不斷地沖脫天然的鮮綠，淅淅瀝瀝滴下的水珠，格外剔透晶瑩。此時，我也發現了祖孫臉上共同浮現滿足喜悅，很是鄉村風情寫實篇的一幕啊！

info

通霄精鹽廠

- **地址**：苗栗縣通霄鎮內島里 122 號
- **電話**：037-792121
- **營業時間**：10:00 ～ 17:00
- **交通**：開車由國道三號通霄交流道下，由 128 縣道續接臺一線省道，往白沙屯方向可抵達。

湘伶與阿蝦嬤農村生活的踏實步調，純真溫馨。

果醬魔力的延伸

果醬的神奇魔力還不只是有好口感，湘伶知道通霄國小棒球隊的小學生都有夢，但訓練經費和球具卻拮据。

「我送給球隊的每個小學生一人一罐果醬，替他們加油打氣啦！」

原來，自己也沒有足夠的資金可以挹注，她改以製作「勇氣果醬」的方式，送給少棒隊球員，要他們勇敢追夢，也和學校的募款平臺相呼應，對各界資助人士，贈予果醬和棒球隊學生手繪明信片，讓彼此留下滿懷的愛與善的回憶。

返鄉守護人生夢園

大學念東海美術系，生平第一次的攝影個展，湘伶以自己的阿公（阿土伯）、阿嬤（阿蝦嬤）為題材，紀實他們平日純樸的農村寫照，照片裡良善民情逐年昇華下，轉化成她對土地村莊付出的關愛與熱誠。

「我是一個很眷戀鄉土的人，唸國中時有了人生第一台照相手機，我就知道有那麼一天，自己會回來故鄉，記錄一切事物，守護這個海邊小村落。」湘伶字字句句，侃侃而談地道出她內心深摯的觸感。

「鄉下就是這模樣，從小在新埔長大，人親，土地也親，不管是叫西瓜伯、番薯伯，大家都知道是阿土伯，就是我阿公在市場的外號。」

水井汲出活水，天然純淨又晶亮的映照新埔村。

看昔日照片深情憶往，是屬於祖孫二人的甜蜜時光。

鐵牛車的祖孫情懷

祖先留下的農地，維持了湘伶一家日常生計。阿公運送西瓜到臺北賣，或在臺一線省道擺路邊攤，都是倚靠家裡的那一輛鐵牛車。

「有一天，當我聽見阿公說，他把那輛鐵牛車賣了，我當下大哭了起來。」湘伶的面容，當下多愁善感了起來。

喜歡保有一些生活回憶與事物，湘伶回鄉的點滴遭遇，我聽來是饒富喜怒哀樂，不過話鋒一轉她又補充說道：「不服輸的我，當晚又把那輛有感情的鐵牛車，輾轉買了回來。」

化觸動為感動

沿著海堤悠然步行，湘伶一字一句訴說過往走過的路，點點滴滴清晰如昨。

「我努力維護村子生活的記憶，深怕自己以後會忘記。」鄉土文化和生活方式結合，是湘伶嚮往的在地人文環境。

和幾位回鄉的年輕人，共創通霄二手市集，盼望這股力量，能夠吸引更多人回鄉交流。湘伶用自己的夢想方程式，找到農村新價值和新的出路。

甫認識「農村小愛」的不凡，我感受村子暢旺的農事民情，從家家戶戶向外閒逸飄盪，可愛純真的鄉間曲調，如是悠揚地奏進田埂小徑裡。

新埔街道房舍，有著與湘伶密不可分的成長眷戀元素。

「保存通霄新埔的生長記憶，保有原來的真善美，這一切藍圖，我極盡所能的去實踐它。心中許下所有的美夢都將會成真。」

我深信，這是湘伶永遠不變的自我堅持。

祖孫情，平凡而安逸自若。

info

農村小愛天然果醬

- **地址**：苗栗縣通霄鎮新埔里 15 鄰 112 號
- **電話**：037-793123/0955804223
- **營業時間**：無固定，現購需事先預約
- **網購**：https//iseeyou.com.tw/store/?s=199
  Pinkoi：https//www.pinkoi.com/store/sinpulove
- **交通**：搭乘臺鐵西部幹線海線於新埔站下車，出站往北（右邊）步行約十五至二十分鐘可抵果醬坊。

info

順遊景點：秋茂園

- **地址**：苗栗縣通霄鎮通灣里 20 號
- **電話**：037-792648
- **時間**：08：00 ～ 17：00
- **交通**：
  搭乘臺鐵西部幹線海線於新埔站下車，出站往南（左邊）步行約十五至二十分鐘抵達。
  開車於國道三號通霄交流道下，右轉接臺一線再接臺 61 西濱快速道路可抵達。

守望人情土地與關愛心，湘伶的夢想踏實而真切。

海角小村的單純想望，日常知足。

「基隆林依晨」的「幸福巧思」

基隆女孩把小時候的艱苦環境，轉化為啟發美麗人生的動力，並且用時間自我默默淬煉，在未來蛻變而發光。

「我們用溫暖的笑容，貼心的服務，開啟你一天的步履與活力。」熱情且美麗的巧瀅邊做餐點、邊說道：「每天我都期待，能用心做好每份早餐，讓每位顧客因為我們的服務和笑容，感到暖心，這是我們追求的目標。」

從巧瀅的話中可以得知賣餐點講究周到的服務品質，是「幸福巧思」一貫的經營方向。

放鬆情緒的幸福空間

巧瀅為求營造寧靜的早晨，店裡沒有架設電視機，有客人反應可否安置，但她維持初念，頂多搭配輕音樂，書架擺放書報雜誌，冀望前來光臨的朋友，置身一個採光明淨舒適，放鬆情緒的悠閒空間。

畫中果實是耕耘豐收的表徵

「在我早餐店開幕時，住臺中的叔叔特地買了一幅水果彩畫，專程北上送來，表達祝福，除了爸爸，他是僅有的親人，當下讓我無比感動。」巧瀅動容地說道。

我順著巧瀅的視線延伸，那的確是幅深摯關愛的祝福禮物，高掛進門引人注視的牆上，那股鮮活色澤，就好似能串連眼眸裡的水晶折射體，喚起早晨的活力因子，鼓舞踏實尋夢。

又好像細火慢煨般的隱含借喻，這或許不單是唯美逼真的果實饗宴，年輕巧瀅牢記叔叔寄望的心語，每每目光聚焦配色豐彩的畫作，激勵自己生活也要多姿多采，用豐盛的餐點讓客人打起精神，如是充實感受一天的美好。

大片落地窗的採光設計，叫人用餐心情跟著豁然開朗。

叔叔送的畫作祝福意深，讓巧瀅感懷在心。

長相甜美，待人親切的巧瀅，用笑容迎接來店光臨的朋友。

永遠不會變質的友誼價值

高中沒能念上公立學校，為了減輕學費負擔，巧瀅自許努力向學，並且半工半讀改善家中的生活。

「我大學同窗的父親在療養院擔任司機，在同行探訪的一次偶然機會，我了解到許多前所未知的困苦家庭，兩相比較，發覺自己幸運許多，我日後有感而發line給爸爸，感謝他在外辛苦工作，不忘對我的問候和扶助。」

從高中到大學的七年光景，巧瀅都是獨自一人生活打工兼求學，那時爸爸在臺中工作居住，她只能琢磨意志，學習獨立處事。

「妳一個人過生活？」我睜大眼吃驚地問。

「每次有颱風的時候，同窗宥葶總是擔心安全，邀我去她家住，當下備感溫馨。我半工半讀的日子，宥葶總在學校期中和期末考時，陪我一同複習。」

聽見如此貼心好麻吉，我內心多所悸動：「深交的朋友，真的會無時無刻，將心比心設想對方一切，挺身而出的友誼價值，是永遠不會變質的。」

生活是為了什麼？

當年巧瀅萌生賺錢貼補家用的想法，卻一直沒勇氣實行，是宥葶從旁鼓勵，讓她鼓起勇氣踏出第一步。

她記憶猶新地說道：「在為期一個月的假日，我們還一起去金山的獅頭山步道擺過小攤車，兩人煮著紅茶和奶茶，裝在租來的茶桶，用甜美笑容，贏得顧客青睞，有一群大陸觀光客非常捧場，一杯一杯購買，讓我們當下覺得好有成就感呢。」

經常自問，當假日同學們都去郊遊、談戀愛，為什麼自己卻只能拼命的打工掙錢，與課本為伍？生活是為了什麼呢？如是以這樣的心念不斷勵進，巧瀅終於如願考上國立臺北商業大學財金系，也讓爸爸感到驕傲。

心有餘力，關注弱勢

畢業從基層會計工作做起，為了讓自己能有獨當一面的磨練機會，接觸人群互動，是巧瀅轉而經營加盟早餐店的一個主要因素。

「新手上路，每天凌晨三、四點，就要起床打理一切。」巧瀅表示，在基隆市郊租屋開早餐店初期，房東甚至打量年齡，對她僅靠營業收入負擔店租的能力，提出質疑。

給他魚吃，不如教他如何釣魚

生長在單親家庭，一路上得到恩人和朋友相助，不計其數。以回報的行動力，巧瀅開始關注弱勢，扶持貧窮，店裡的盈餘，已經可以幫助基隆家扶中心。

坐下用餐，我望著窗外一個男孩前來面試打工的身影，與其給他魚吃，不如當下立刻教他如何釣魚，巧瀅給予年輕人成長學習的機會，立意值得讚賞。

「『幸福巧思』是因為我的名字有個巧字，在資金經驗不足的情況，我有幸集結許多自己的、巧妙的、創造力的思維，因而這個店名對我別具意義。」巧瀅開心地訴說店名來由。

玻璃貼上卡通玩偶圖案，店內一隅也提供兒童玩具，牆上不忘擺個留言板交流心得，極具「巧思」之至，確實增添親子檔放鬆心情的快樂因子。

基隆女孩溫馨早午餐店，為期待的一天滿滿幸福加分。

童心賞玩的貼圖，營造店內融洽氣氛。

總覺得自己做得還不夠多

「這是您的餐點，謝謝，請慢用。」巧瀅柔和聲中俐落的巧手，滿滿微笑和藹待人。

人美心善的巧瀅，因和藝人林依晨有幾分相似，被客人稱為「基隆林依晨」，為此她低調含蓄地向顧客深表摯謝，對店食的支持厚愛，她會更珍惜擁有的現況與生活。

平日休假沒事就跑圖書館，種種花，店裡書架上有勵志書，也有客人提供童書分享。她不時到各地的早餐店「觀摩品味」，去「做功課」，做為學習動力。

除讓店裡充滿溫情，節慶時，巧瀅也不忘犒賞爸爸。

巧瀅驕傲地說：「逢年過節搖身一變，我肩負做菜主人，因為家裡要拜拜，所以必須具備料理基本功……炒米粉，是我學會的第一道菜，除夕夜我與爸爸單純的圍爐，父親節，則是我們父女倆共度簡單餐敘的重要日子。」

巧瀅懂事顧家，也心有餘力地向外延伸，她說：「生活是透過不斷的學習而成長，我覺得自己做得還不夠多，要繼續對生活弱勢家庭或個案盡一份責任，把基隆社福的發展，也納入我對土地人文挹注力量的一環。」

「阿伯套餐」爆紅詢問度高

巧瀅曾經自掏腰包補差價，默默幫助一位每天來店用餐阿伯的善舉，經媒體報導，引起不少顧客迴響，詢問「阿伯套餐」的聲音，因而多了起來。

有這麼一位男生令她印象深刻，「我想點一模一樣的阿伯套餐，中熱奶加豬肉漢堡蛋……」這段對白，猶言在耳地在巧瀅腦海中打轉。

桌上的小卡片上，巧瀅溫婉善良的對前來加油打氣的朋友，懇切致謝。一個善意接過一個善舉，美好回饋基隆寸土人情，當幸福降臨，「巧思」的光采更顯旖旎，瀅漾而晶炫。

營養活力早餐，充沛動能激素就從這裡起步。

愛心圖樣在桌前巧立，散溢店主人的善心溫柔芳澤。

那些年的幸福年少時光

故鄉海岸是世上最美麗的海景

「無論到什麼美麗之境，都比不上故鄉基隆的海岸。不管從什麼地方回家，我一定會刻意地走外木山海岸線這一段，說來，就是情繫故鄉緣的思緒，不停在心頭圍繞吧。」巧瀅邊喝咖啡邊說。

目光被海景深深吸引，心情跟著扶搖直上，巧瀅歡欣地發出內心讚嘆。這天她聯絡上小學時期的玩伴，兩人依約見面敘舊。

夏豔假日的外木山和大武崙海灘聯外道路，一向車水馬龍，人聲鼎沸，我隨著巧瀅，來到小學同學開的販售泳具兼提供遊客沖水的店前。

「到海邊玩，首重安全，尤其要注意潮汐變化，是恩婷教會我怎麼看漲潮退潮，從小我們相約玩水，總會到她店裡買玩具，那時怕被爸媽責罵，所以我都把買到的玩具繼續『留』在店裡。」瀏海被海風揚起飄逸的巧瀅，自在的形容。

隆聖國小六年都同班的情誼，恩婷與巧瀅不時聚在一塊兒，幾個小毛頭往往結伴走到大武崙沙灘，觀浪奔馳。這裡是基隆唯一的沙灘，在她們的內心交織著山與海的旋律，跟著山風和海潮，跌宕起伏了生活的喜怒哀樂。

巧瀅說：「我都向她借工具啦，借沖水間呀，甚至我還『借』過泡麵哩。」憶起這一段段的兒少往事，巧瀅和恩婷不禁樂在其中，彷彿是昨天才發生的事。

工作夥伴的相聚歲月，用照片留言，記錄青春不留白的灑脫。

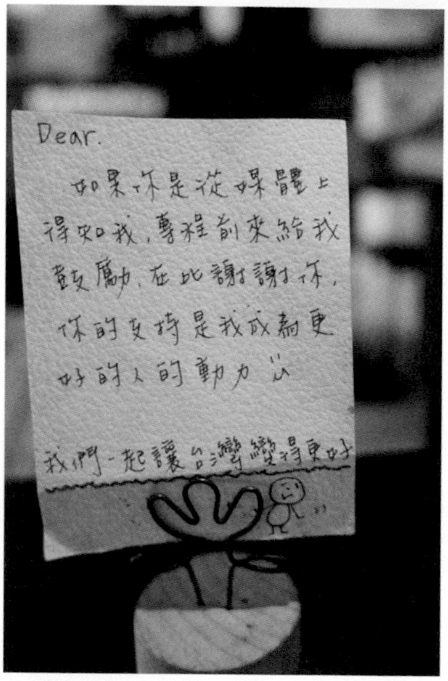
Dear.
如果你是從媒體上得知我，專程前來給我鼓勵，在此謝謝你。
你的支持是我成為更好的人的動力
我們一起讓台灣變得更好

心扉起承轉合善緣，時而化作無限感懷詞彙。

長大後兩人各奔四方，但是，巧瀅只要帶朋友來大武崙海邊烤肉聚會，一定會來此問候恩婷。

嘴角上揚的弧度是幸福的溫度

韶光倏逝，流進了河流，也流進了汪洋大海。玩心大起，兩位大女孩赤腳走著，摩挲著，重溫熟悉而沙沙癢癢的觸感。

「都沒變，和小時候的記憶都一樣。」一連說的話，她倆也異口同聲表述著。

孩提時，一同望看碧藍大海，魔法時光幻變，一眨眼，成年女孩再次對望的，是各自精彩的大千世界，向環境學習，碰撞坎坷時產生火花，再聚首就會有分享不盡的人生況味。

言談各自旅站驚奇，我從她們身上，看見貼心的特質，巧瀅坐著聊天之際，也幫忙恩婷招呼客人，詢問需求，幼時的情誼搬出記憶箱，還是那麼真情流露的關照，此心，過了十來年，依然貼近著彼心。

踏足兒時樂土，話想當年，這兩個女孩嘴角上揚的弧度，在鏡頭裡更多了鮮明和自然。

國小同窗經營的店面，沒有改變，和海灘一樣，深植記憶。

目光停留兒時泳具，依稀記起那色彩鮮麗的豔夏時光。

有知心的朋友陪伴，意在言外的會心一笑，教人跟著她們開懷。

大武崙海濱，遊人如織的夏日景象。

恩婷（右）與巧瀅用赤子之心，甜蜜地回顧那些年。

膠漆情感的成長友伴，看鏡頭，再比一次嗨吧！

赤腳摩挲趴趴走，這樣的經歷向來不陌生。

在沙灘野餐，我們曾經消磨許多時光。

info

七堵幸福巧思 Cafe & Brunch

地址：基隆市七堵區福一街 112 號 1 樓
電話：02-24520118
營業時間：06：00 ～ 13：30

外木山大武崙海濱

交通：
由國道三號下萬里交流道，轉往金山方向，接外木山海濱聯外道抵達。

「玫開四度」的玫瑰夢花園

十餘年來，思廣和逸萍耕耘玫瑰園有成，他們將玫瑰區分成食用類的「玫開四度」與保養品類的「樂活玫瑰」。

南投埔里牛眠山下的內埔路一隅，依山圍籠，形成屏障地勢，溫差顯著，植栽的花卉豔麗，長莖，花瓣大，轉色也自然。

我走入玫瑰園，深覺那不虞匱乏的山泉水，灌溉滋養而盛開的朵朵芳姿，嬌媚中暈染一份清純淡雅，柔和的迷人芳香，不時徜徉在鼻息。

原本除了香味幾無可取，已被花商列做汰除的玫瑰花系，在思廣和逸萍夫妻戮力栽培，蛻變成食用玫瑰領域的翹楚。而今中輪香水玫瑰，花期久，花苞滿，枝條長，蔓延長成，是園區主要栽植品種。

莖枝高長的中輪香水玫瑰，是玫開四度栽培花種。

爭妍比媚枝枝朵朵，食用玫瑰亦有芳潔的欣賞價值。

牛眠山下田野平疇，土壤優沃，種出高品質食用花卉。

虔心種花懂花，思廣累積無數植栽專知。

唯美旋律的玫瑰心花園

入口淺嚐，甜味加上略帶甘澀的花瓣，我對它的第一印象，分外好奇。浸潤花香擁簇，我靜靜聽來，年輕園主思廣，細數一個散放唯美旋律的花園夢境。

「到底是玫瑰園啊，怎麼花開得不若想見繁盛？」我愣著一頭霧水問說。

「如果每天玫瑰花都完好地像幅彩畫，遍佈滿開，無疑代表我的生意有了大難題。」答案，隨著思廣竊笑時揭曉，早在我抵達前，思廣與丈母娘偕同打零工的婆婆媽媽們，就已將適摘的花朵採收完畢。

這麼早採收的原因是因為清晨所採收的玫瑰花，味道最是甘甜，口感越好。

人人勤做不怠，概括承攬每一花材的品管驗證。

捧在手心，一五一十數著摺群花瓣的嬌滴柔媚。

世界麵包大賽冠軍的荔枝玫瑰麵包

一瓣一瓣，將從花圃摘下的玫瑰花按質感分類，花瓣邊緣的完整度以及色度不發黑，是篩選重點。一籃籃花瓣在冰室保存，準備送往飯店、麵包店與巧客力販售店，做為新鮮調理的食材。

花瓣豔紅的玫瑰，原來在美食界受寵，無論食物料理、沾醬、烘焙、茶飲等，均可品味馥郁花香。玫瑰花醬，入口酸甜，沒有澀味，幻化一絲一抹的淡香，漫遊口唇，教人沈醉喜悅。

「真的不敢相信，我們竟能找到這裡。」這天中午日頭赤焰，二男三女的遊客上門要買玫瑰花醬，思廣分別讓他們試聞與試吃。

其中有人說：「喔！風味好道地，似乎還伴隨檸檬香茅的尾韻呢！」

「吳寶春當年來玫瑰園，尋覓參加世界麵包大賽的食材元素，期盼能得獎的那股自信眼神與口吻，從他身上表露出來。」思廣說：「我一直記得當他以荔枝玫瑰麵包拿下世界大賽冠軍時，我與有榮焉一同釋放無比高昂的情緒，這也是種植玫瑰花以來最難忘的肯定，彷彿玫瑰花瓣，從天而降的喝采，灑滿我們園區。」

未竟故事化成瑰麗夢田

「早年我還是廚師，逸萍負責吧檯調製飲品，遂因我們的愛情路上築有夢巢，所以一同離開餐廳，轉求追尋心中美境。」思廣回憶地說：「十幾年前，臺灣還沒人嘗試種食用玫瑰花，我們只想做一個起頭創新。」

原來，一頭栽進玫瑰領域的夫妻倆單純的發想只是種植香草花卉，再開間屬於自己的田園餐廳。

種植食用玫瑰花，一條佈滿荊棘的旅程

到全省各地蒐集，上網查詢，花一年多時間找尋心目中的夢幻花瓣，試口感。思廣從育苗場買來兩百多種高低價格玫瑰花試吃，儘管還嘀咕農藥無所不在的疑慮，但用這般懵懂天真與推敲，最後才找到最對味的支系品種。

在臺灣種植有機玫瑰的難度頗高，而要把玫瑰從觀賞花，轉移成食用花的接受度，更是一條相當花時間的試煉之路，「玫開四度」農園的蜜月期，打從一開始，親朋好友與在地農戶，無人祝福。

思廣指出：「臺灣氣候高溫潮溼，不乏各類病蟲害潛藏，尤其照料玫瑰花頗為費心，收成量也常受天候影響而不確定，有專業人士一再地勸退我們，在臺灣經營無毒玫瑰食用花卉這個領域，遠景根本不被看好，也沒意義。」

開始試種的初期，因為沒錢買農藥，應付病蟲害的滋擾，間接讓夫妻倆轉念，接受了逐年盛行的自然農法，以不破壞生態資源，不用農藥除草劑的理念，善待土地。

分門別類，每只花瓣挑剔的篩，現實的選，必分軒輊。

煦煦紅豔，散發片片療癒淡蜜香。

「你們到底是種花還是種草啊？」鄰居老農不以為然地質問。

曾經園內雜草叢生，叫鄰居老農也看不下去，主動要求幫忙噴灑除草劑，逸萍父親，甚至無法認同如此耕耘，前程堪慮，而與女兒爭執不已。

更有人酸言酸語抨擊：「你們不懂農業，也沒研讀相關知識，竟然連植栽三個重要元素，『氮、磷、鉀』都不曉得？」

有機溫室栽培，生長品質穩定安全，玫瑰園前景可期。

停困處，總逢貴人相助

雖屢被奚落與批評，但思廣與逸萍抱持打破砂鍋問到底，就是非得摸到訣竅，不輕言退縮。

「臺中農改場的陳彥睿與張隆仁博士，教了很多專業種植的竅門，終讓我們突破困境，塑造玫瑰園的雛形。」思廣感恩地說。

園區採用溫室栽種，隔離病蟲害，用有機肥取代化學肥，有如照顧女兒似地細心養著每一株玫瑰。

僅管通過三百六十八種農藥檢測程序，為了學習製造有機肥和生物病蟲害防治法，取得有機農業認證，夫妻倆特別前去慈心有機農業發展基金會上課。但他們後來才得知，要取得認證，必須休耕土地三年。

思廣語帶感激地說：「植物保護協會的秘書李美雲小姐，也是我們奮鬥路上的貴人，由於承租的土地無法休耕重新來過，她建議去合樸農學市集，因為那裡歡迎友善農法耕種的農友，相互認同。」

就因這個契機，「玫開四度」無毒玫瑰自此有了知名度。

悉心再細心，種花投入的精神好比養兒育女般呵護至極。

調節掌控溫度，是作物學問一大關鍵。

一頭栽進陌生花農領域

這不是一段露水姻緣，淺嘗而止的景況，終究在種植的第四年，玫瑰花如甦醒般大量綻放，思廣甚至高興到將床鋪滿玫瑰花瓣，享受前所未曾想過的浪漫情景，這一刻，任誰都會跟著雀躍不已呀！

好景只能高興一天，因為要將花瓣銷售出去，才算完成任務，但卻礙於資金竭然，苦無銷通門路。最後附近松園民宿老闆彭先生伸出援手，除幫忙媒合廠商做玫瑰醋釀造，也介紹遊客前來DIY做玫瑰花醬，農園景氣逐漸地扎穩腳步，並開始研發相關產品。

生物費洛蒙法防治得宜，是園區採行的防蟲害之道。

前仆後繼的質疑聲浪

「『為什麼放這麼多色素？』從前因為這句話，我和客人槓了起來。」曾在市集遭顧客惡言相向，質疑拿有毒的花瓣來賣，當下讓思廣內心挫折哀傷。

「後來客人打電話來向我們致歉了，因為他不知道我種的是天然無毒無色素的食用花。很多客人看見花醬有興趣，但疑慮之餘，透過預約來園區DIY，經過實作讓遊客知道產品無虞，我們從不做假，一直都是誠實耕耘與面對。」思廣語帶驕傲地說：「也有一位媽媽專程從臺北包計程車下來埔里，現場參與帶回品嚐：小孩喜歡吃玫瑰花醬，因體質關係，飲食必須謹慎，為了再三確認，還花幾十萬元去做各式檢驗，終於認同了我們的產品。」

採收玫瑰，從清晨算來最是適切，溫濕保鮮易於處理。

峰迴路轉，終過難關

跌跌撞撞一路走來，摸索期間付出的開支讓夫妻倆開始負債。

「還記得舅舅為了圓我的夢，知道我手頭有困難，二話不說就到農會，抵押自己的房子來借貸。」思廣回憶地說：「還有一位認識多年的好友，得知我籌不出錢來創業，竟然將存摺直接給我，要我只留一個月的生活費夠他過活就好，其餘的讓我領用救急，度過難關，我不會忘記他們對我這麼大的恩情。」

創業前幾年，手頭真的拮据，思廣白天忙完園區工作，晚上要不就修電腦加減賺點小錢，要不就到其他農作園區幫忙整理。

一起DIY 玫瑰幸福人生

「初衷想開以玫瑰花為主，香草為輔的農園餐廳，現在反而成了專職農民。」他形容牛埔山腳環境很安逸，蟲鳴鳥叫，是沈澱身心的好地方。

觸目所及田疇方里，初夏提燈的螢火蟲，喜歡東瞧西看的攀木蜥蜴，蟬鳴鳥囀，生態豐富多姿。眉溪裡，舉凡蝦、蟹、河蜆、鱉，時而現蹤，隸屬自然的滋養循進，只要不受人為破壞，每一方都是生命出路的桃花源地。

有心，就容易跟著環境催化浪漫。有位男子在情人節前夕，希望用健健康康無農藥的料理，送給女友。因為女生喜歡玫瑰，他專程騎摩托車載她來買，一起DIY，中場過程，還親手捧上玫瑰花束送給女友，讓女友驚喜不已。

園區的趣事還有，六女一男的遊客來訪，女生忙拍照，反倒是男生去試擦玫瑰保養品，脫稿演出令人莞爾。

期望成為臺灣保加利亞玫瑰園

思廣想循通路，讓產品能有效促銷，後來發現在市集擺攤，也能做有效推廣，於是，在攤位上，可見到玫瑰花瓣醬、草莓覆盆子玫瑰醬、玫瑰桃醬（甜桃、水蜜桃）、玫瑰糙米醋等琳瑯滿目，也有研製臉部與身體的保養品，如精華液、保濕液、玫瑰純露。

炎熱夏季，他不時在園區除草，抓蟲害，用葵花油抑制白粉病，但卻樂在當下，因為這是一直以來的夢想。

思廣自信地說：「我們的餐廳夢，從未斷過，現在只是將實現的日子往後拉長。未來我希望，我們會從一個家庭，衍生為一個工作團隊，把最初遠景，一一在這片土地實踐。」

「玫開四度」十六歲了，由原先的一分地擴展成七分地，正值陽光青春少女散發的活力美。以往借貸的資金，終究在玫瑰園轉虧為盈的情況之下償清。

夫妻倆希望農園一年四季，都有玫瑰花的香氣瀰漫，綻放風姿，踏著夢田，懷抱每一寸土地的芳馨，有朝一日能夠成為臺灣的保加利亞玫瑰園。

到臺北參與農產市集，將努力成果和大眾分享。

乾燥玫瑰花瓣，依稀透露沈戀的色系底蘊。

琳瑯滿目的研發品，配襯花草布幔，欣欣氣象，迎風招展。

info

玫開四度食用玫瑰園

地址：南投縣埔里鎮牛眠里內埔路 2-2 號

電話：0933420572　0972359915

營業時間：09：00 ～ 17：00

交通：由國道六號下埔里交流道，走臺 14 線往霧社、清境方向，約十分鐘抵達。

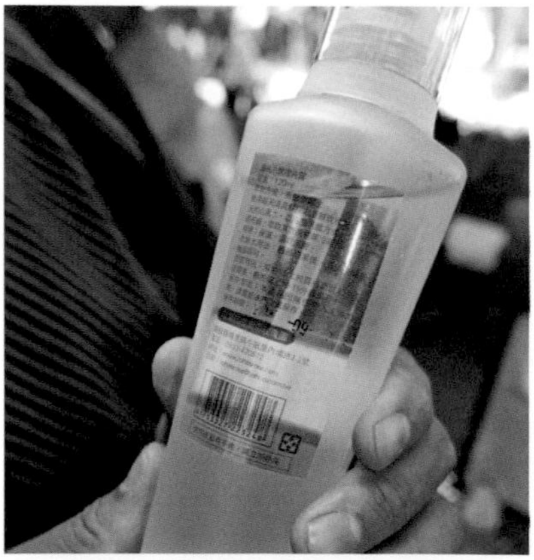

玫瑰純露，清新自然的膚質保養液，受人好評。

儲存無數人回憶和夢想的陳年臺鐵車廂

當了三十餘年臺鐵人，老車長退休不忘找到幾列老車廂，繼續端出記憶裡的鐵盒便當，勾起到訪旅人的陳年往事。

節節車廂，徹頭徹尾均有歲月的痕跡。如果，工作的職責是要隨火車南往北返，日以繼夜地奔馳，那就不妨把它當成「一日遊」……由石蓮大哥話裡的豁達，實不難理解他會積極撐開每一扇窗，擺盆蘭栽，為旅人點的火車套餐增添詩情畫意的氣氛。

「當初家人都勸我，從臺鐵退休後可以好好休息，民宿兼餐廳？不用做得這麼累吧，但我就是靜不下來，對火車情有獨鍾，大概我們的緣份還很深長吧。」石蓮大哥說。

承載著旅客的人生故事

「從前這裡是田地，我把它整理為一處休閒場域，可以聽海濤，聞海風，看海景，也可以同賞荷花與睡蓮。」石蓮大哥接著形容：「園內五節車廂，是我從高雄廢料廠，花了上百萬元，包含雇用五十噸大吊車，而且，為考量車廂龐大的體積在轉彎和高度的限制，光是行走的路線就研擬了好幾次，用兩天的時間運送安置，再經過整修裝潢，兩節做為餐廳，三節當成民宿使用。」

聽完以上大費周章的建造過程，我看著這幾節車廂，口手並用地搭腔，比劃出我對火車文物，也有著著迷的過往軼事。

看我對車廂裡照片與陳設，又是好奇，亦若有所思的熟悉反應，石蓮大哥開口問我：「你也有興趣研究火車文物嗎？」

「我學生時期也迷戀火車，集硬式車票，甚至隨著蒸汽火車巡迴活動到處跑呢。」當下我彷彿他鄉遇故知般，興奮地接續石蓮大哥的話題。

火車，承載著旅客延綿情長的人生故事，這個午後，是我和石蓮大哥絮語交集的美好時光。

石蓮園的腹地是處農園，水池、綠草如茵當前，暑氣全消。

火車車廂改建的民宿坐落荷花池畔，這等夏豔美景叫人陶醉。

不禁跌進時光隧道的鐵盒便當

來之前就想著要放鬆心情，吃個懷舊的鐵盒便當，喝杯嚐鮮風味的石蓮汁，坐在古樸的車廂裡，開啟老式旋轉電風扇，那真是非假日時，才有的悠閒曲調啊！

從白沙屯站下車，我頂著烈日，按圖索驥地順利到達石蓮園，午餐時間，就是此行重頭戲所在。

刻意用手掂一掂扎實的鐵飯盒，緩緩嗅來米香佳餚的蒸騰熱氣，它的確在旅程中和我有若干緣份，現在回憶起來，一種熟悉的感覺油然而生。

立業十六年的石蓮園，承載了許多遊客的兒時記憶，車廂的窗邊，石蓮大哥特別掛上幾幅任職臺鐵車長時的舊照，以及各個名人、影星和他的合影。

石蓮大哥也買來一些汰換下的舊枕木，做為桌椅，噴上幾處小站名，六塊厝、四城……增添許多人往日的遙想回憶。

「因為海邊這一帶用餐不方便，所以我才想到設立火車造景的餐廳，讓人一邊欣賞海景，一邊吃著美味餐點。」滿足自己若干情懷，也為造訪遊客設想的石蓮大哥，話語總帶著關照故知的泰然氣度。

來自大海質樸的鹹空氣，和打在窗邊的微微風切聲，一起與我共進了悠閒愜意的午餐。

珍愛收藏老車廂，石蓮大哥一圓經營民宿夢。

排骨套餐配上石蓮汁，懷舊思緒就這麼浮上心頭。

敞開車窗，任海風盡情吹拂進來，是一種對過往情愫的深思。

照片人事，典藏記憶猶新如昨，那份情感，叫珍摯。

印象中最會嘎嘎響的電風扇，依然牢牢緊緊地抓著天花板。

車長帽，走過數十年旅程，靜靜見證一個老臺鐵人的執著與心念。

老舊車廂，有似曾相識種種剪影，稍一觸想，就重回時光隧道。

坐在陳年老車廂，昔日旅情一一浮現

「小時候喜歡讓父母牽著走看蒸汽火車，我不但喜愛搭火車，也熱愛鐵道文物，於是長大後我選擇進入臺鐵服務，歷經三十三年的軌道與車廂歲月。」

一個有火車風味的農園餐廳，在石蓮大哥老家著了根，因處白沙屯海邊，他希望遊客可以在這裡住上一晚，體驗海濱特有的風味與格調。

不僅僅是臺灣各地火車迷惠顧，很多日本人慕名前來入住，他們非常享受地在這裡消磨時光，腦中閃念的，應是昔日最深切的車窗倚情。

有七十年歷史的老車廂，屹立海邊受盡海風無情吹拂侵蝕，所以每三年，石蓮大哥都要上漆保養，確保這五個由英國、日本與印度製的車廂，能繼續擔負勾起旅客回憶的重任。

有想法的志業，總是不寂寞，石蓮大哥育有四女一男，假日有空都會回來幫忙，夫人從國小教職退休後，也在園區和他一起圓夢，共同分享喜悅。

白沙屯海濱，浪花起伏數十年依舊。

觀海步道吹來的海風，不知有沒有善待風力發電的螺旋槳呢？

層層浪花捲起，又合流入海，我心隨之浮盪，老車廂要不是被買了下來，最後終究會被解體報廢，把它們做為延續旅人對傳統文化的印象留存，是非常值得推行的。

海線風華勾起那些曾經

老老實實做生意，是石蓮大哥給人的美好印象。夏日炎炎，樹影疏落分明地鑄印在大地，很多海線車站車廂場景的回憶因子，在空氣中凝滯，以往投稿撰寫的鐵路旅情，不時又湧上心頭。

霎時間，坐在老式皮椅上，我竟有種坐在南迴線普通列車上的錯覺，到底也是，還在臺東和枋寮間奔馳的那數節藍皮車廂，不知還剩幾年光景？

觸景思情，也讓我一併想起了高中歲月搭乘的淡水線火車，懊惱的是，我當年竟連一張照片都沒拍下，但這又能怪誰呢？

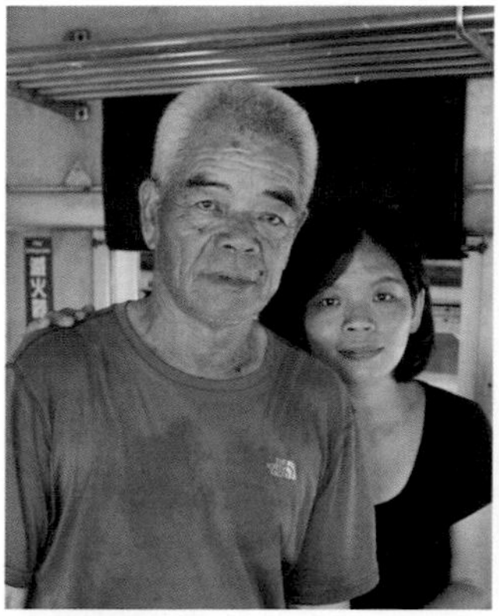
女兒窩心協助餐坊事務，父女同心編織夢園。

今日農村縮影版，瞧見水田風和日麗當下。

迎風馳騁，石蓮大哥倚窗行旅的里程，已然堆疊層層語錄。

換個角度觀賞，火車，似也開進綠油油的田中央。

我的思念，一時半刻間跟著幾節車廂的老電風扇轉呀轉，也轉回了年少那段追逐火車遊東部，西岸買車票收藏的時光隧道，甚至我是否有緣，曾搭上石蓮大哥任車長時的列車，也一併浮上有趣的無解問號。

石蓮大哥說：「那時，很享受站在最後一節車廂，憑欄望向筆直軌道延伸至盡頭的感覺。什麼羈絆不順遂的凡事都拋諸腦後，火車馳騁的間奏旋律，好像還遠遠勝過汽機車的引擎聲。」

「忍不住回味時，想起在老車廂吹海風，吃排骨餐，就像隻候鳥一樣回來打卡吧。」我對自己訴說，或許再過幾年，入宿車廂當個中年遊子，不知石蓮大哥，屆時還有餘興說說那些年的鐵道經歷嗎？

白沙屯的海風，使力地增產浪花秀，我如看自然電影，靜靜欣賞著一下午。

當石蓮花碰上石蓮大哥，又是一段巧合緣聚。

車廂民宿內景，格局不失雅潔，住來彷若乘著火車環遊各地。

高潔挺立的蓮花，果不其然出淤泥而不染。

民宿陳設海藍風，襯托浪濤聲，相應成趣。

冬瓜大豐收，石蓮大哥又可以替客人加菜了。

荷葉上的水珠剔透如鑽，生動所以。

粉嫩色荷花姿態優雅，芳馨宜人。

鮮採蓮子，入口有股久嚼不膩的奇特感。

info

石蓮園鐵道餐廳火車民宿

地址：苗栗縣通霄鎮白西里 19 鄰 153 號之 8

電話：037-792399

營業時間：11:00 ～ 19:00，周三公休

揉進自然和純真的手工饅頭

來自桃園的信淳，愛上雙連埤靜謐田園生活，把產自無汙染泥土的自然食材，全部揉進一顆顆手工饅頭。

「兩隻藍鵲，悠然的斂翅降落在屋頂唱歌，讓我原本要蓋新房的意念，就此作罷，深怕一旦新屋落成後，牠們恐怕再也不出現。咖啡坊旁這片多出的空地，有緣的朋友前來露營，三五好友搭帳棚倒也合適。」信淳一開場就悠閒地訴說。

聽見信淳話語裡的告白，這股緣份應該很值得珍惜，我於是找尋，山中那片美遇。

溫暖旅心的山境食坊

心情放鬆，笑容隨時像花朵一樣自在綻放，親近溪畔，學習釋懷，糾葛的煩心，剎那付諸水流。夜幕，找尋奏鳴終夜的青蛙，照面說嗨，山裡，悠然自在地過生活。

聆聽環境跟我們說的故事

「杉舞三生」，這個一派優雅氣度，坐擁詩境的名銜，不拘泥的巧立門前和人打招呼。自創甜點、手工饅頭、熱飲，談話優雅也重情誼的女主人信淳，讓山間咖啡坊每一道精萃，都遵循物種原生的潛性，跟大地共生共榮，並將自然的味道融合在食材裡，吃出健康門道。

「杉舞」是房舍後方整片的柳杉林，取它自然調性，而順它人文註解，是門牌35的對號入座，杉舞的自主想像，彷彿杉木要與唱和的鳥蝶棲蟲，翩然漫舞此生活山居。

「三生」，其實自有一套輪轉法則。從對自然生態的無限嚮往，到實地落居的山林生活，最後乃至能夠自給自足生產，很有邏輯的生命哲理與胸襟。

信淳話匣子一開，在宜蘭深山裡聽來，還滿有味道的。

「建材行的師父來這裡，我們喝咖啡閒聊。房舍坐落已久，有古樸的寫意，他想送一些黑膠唱片來，希望裡頭的抒懷歌聲，可以和屋子的格調融合。」

信淳衝著師父一番話，買來黑膠唱片機，那一刻讓絕妙的音符，可以搭賞鳥叫蟲鳴。

主人的寒暄呼應，莞爾有趣。

過門而入，只為品嚐深山咖啡坊的不同凡響。

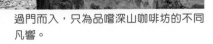

不管生活在什麼地方，都要找到樂趣

信淳當初在宜蘭地區，總共找了七個地點要給丈夫養病，最後才選在此地，其他地點要不沒山、沒水、沒房子，實在不適合。弟弟也表贊同，來到雙連埤，聽見一大群翡翠樹蛙在唱歌，代表環境很好。

雙連埤是生態保育區，只可觀不可褻玩焉，我僅能心神晃盪在埤塘裡，幻想乘著小舟，暫且忘卻自己來向何方的渡游。

蜂蝶蜻蜓，梭巡花間驚豔，或吸吮蜜甜，或舞弄雙飛，好不愜意啊！

談起醉心話題，信淳含蓄地微笑說道：「雙連埤，一年四季都是綠意寫照，綠，很有它的不同層次的綠性格。」

「不管生活在什麼地方，都要找到樂趣吧！」信淳對蛙類的調查保育，是生活一部分，那塊「愛蛙守則」規規矩矩掛牆一隅，如是開門見山地存在著。

實實在在的與土地親近

秋鬱金薑黃、檸檬、南瓜、絲瓜、苦瓜，在山坳間自由蔓生，熟成時構成農家採擷的寫實心情。往昔，要顧及先生的健康，嚴飾食材，做了許多健康養生饅頭，最後，親朋好友都喜愛上了這個味道。

棲居雙連埤的住家，不過十來戶，信淳和女兒找鄰居聊天，圍繞知性話題，和小農交談，也能增長智識。就算是不曾謀面的人，喝咖啡坐上一兩刻鐘，都能變成好朋友。懷想的環境找對了，對話就會心有靈犀，心情自然就飛揚。

饅頭的柴香，就像純粹人生味

為沿續老屋原有的韻味，用傳統磚砌大灶，燃燒滿山遍野撿來的枯木，好有古早氣息呀！手工巧勁，再日常不過的揉饅頭和蒸饅頭，山中總飄逸著一股結合清新而久久不散的炊煙。

心情表念平鋪直述，快意當前的一份自在灑脫。

偕女談心，信淳且讓時間擱淺，真真切切共享清閒。

原味、黑糖、檸香、薑黃、大甲芋頭、可可、蔓越莓、南瓜堅果、桂圓、可可核桃、桂圓核桃、紅棗枸杞核桃、紫米紅豆等各式饅頭，出籠時的熱氣蒸騰洋溢簡樸清香，讓訂單多到把遠在屏東的朋友，也一併拉進宅配行列。

檸檬汁、黑麥汁、綠茶、紅茶、手作咖啡、肉桂捲、芒果豆凍杯、檸檬生乳酪，點綴著屋內的鬆弛慢調氣氛。不大的空間，桌椅有限，非假日下午獨自一人，沉浸在這美樂境土，時間任由自己揮霍。

窗櫺語錄，接收著深山裡數不盡的浮光掠影。

薑黃饅頭顆顆飽實，美味動人。

揉合麵團，一併揉進了契合心靈的食安執念。

宅配訂單一向熱門，整備工作雖忙，卻讓信淳找到山中嚮往的生活步調。

生活要嘛單純，用樸實健康不帶負擔的輕食，就能嗅出層層堆疊的滋美內涵。

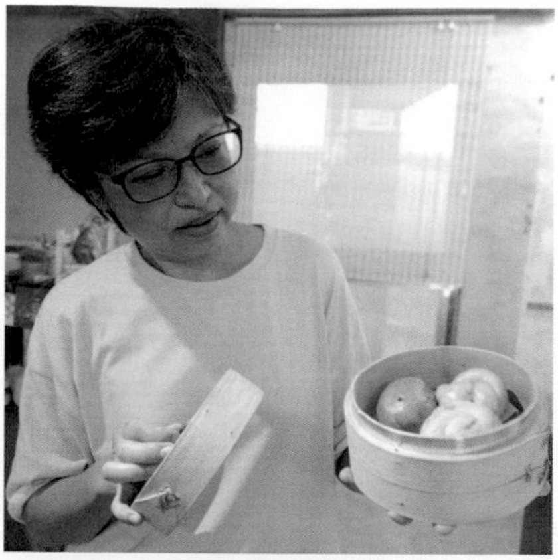

信淳做的手工饅頭厚實而鬆軟，有一種協調可口細嚼慢嚥的滿足。

用大灶蒸饅頭，回歸鄉情炊煙的璞真。

後院摘鮮檸檬葉，是提味催化劑，散溢芳香清新。

煮沸透晰的山泉水，喝來一股甘甜入喉。

木材入灶，增添古早心和古早味。

萃取自然農作而製的糕點飲品，每一口都吃得出用心。

草創初期的影像流連，一路走來完美如初衷所盼。

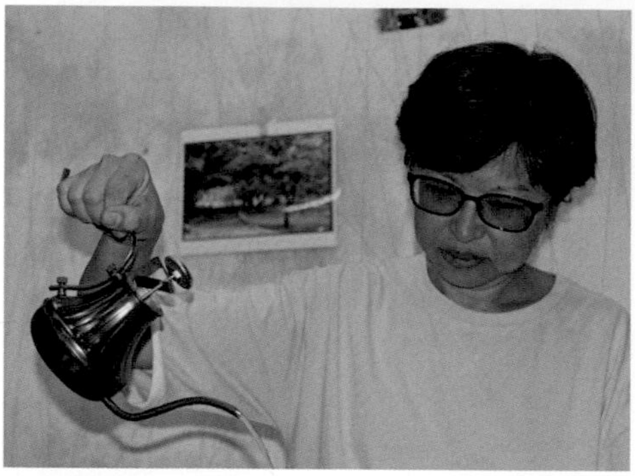

品味生活，生活品味，都在信淳的日常剪影中浮現。

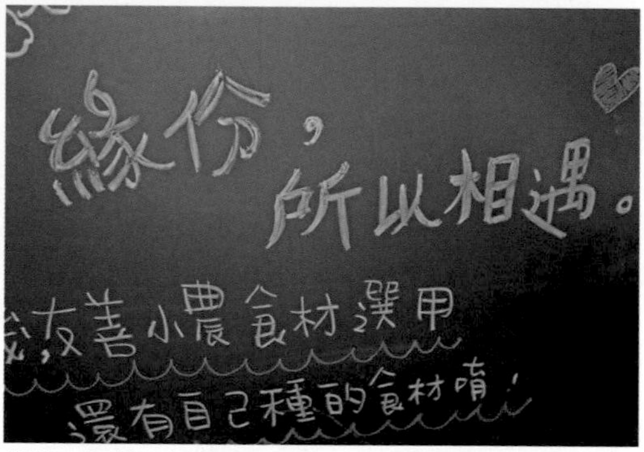

期待，遇著心裡的渴望山林，有緣共聚這情份。

親駕挖土機，整理家園心踏實

二女兒韻筑，僑光科大餐飲科畢業，自小對開挖土機情有獨鍾，懷著夢想，戶外工作室旁，那片小庭園，就是透過韻筑的巧手運作結合挖土機而來。

她表示：「國中時期，當我第一次看見挖土機爬上爬下，靠那隻萬能手臂整地的『能耐』，我就迷上了它，而後只要在路邊偶遇，我都會停下腳步，靜靜地在一旁注視著挖土機精湛的演出絕活。」

松果物語，表白落地生根的無窮意象。

風格獨特的山中商品，磁珠。

「對我而言，坐在挖土機上就是有一種與生俱來的穩定感，多半人總覺得駕駛怪手，會不會有翻車的危險？其實怪手是安全的，不論是任何地形，我都始終感受在駕駛座艙的滿滿信心和定力。」韻筑說。

我心神隨著韻筑話語迴盪，能夠親自駕著怪手，整理自己的家園，那種踏實感，是有無限的悸動和興奮感交織重疊的意義啊！

未來如果有機會，韻筑非常樂意到職訓局擔任助教，她對挖土機的情感認知，是永久不會消失的。

販售磁珠的背後故事

「什麼？店裡有販售磁珠這種東西？」我眼珠子瞪得大大地問道。

「沒錯，當初在改善房屋用電迴路，曾經因為配電安全，買來兩千粒磁珠備用，用做電源配線的轉向及支撐絕緣體，現在多了也用不著，只好將就著賣。」若有客人問起，信淳不厭其煩地向他們解釋來龍去脈。

想來也是挺有意思，在深山咖啡坊裡還能兼賣這種跟飲食完全沒有相關的用品，煞是有趣。

午茶閒情擱下事務，享受山中無歲月的愜意生活。

「辦桌」派對凝聚愛土地共識

一〇六年九月二十九日，信淳特別舉辦了一場「雙連埤秋季饗宴派對」，時段選在上午十點至下午五點，邀請鄰近十餘戶住家前來共襄盛舉，還專程挨家挨戶送邀請函。參加條件很簡單，一戶只需準備一道菜，其餘的，就由信淳一手包辦。

雖然大家都不是第一天才見面，但信淳描述當下仍有展臂迎新的歡樂感。當天賓客年齡層從二十餘歲至八十八歲，可謂「老少通吃」，紛紛聚集在「杉舞三生」的戶外空地，共享美食佳餚。

「我用蘇家的筊白筍做包子，蒸鄒家紫薯地瓜，南瓜做炒米粉，用羅家提供的豬肉做酸菜湯與鹹豬肉，羅二伯蜂王漿釀的酒，飲料則有檸檬汁、鮮果茶。」信淳面帶微笑，娓娓道來。

雖然大夥因家務來來去去，無法在同一時段全員到齊，但信淳覺得這樣的地方「辦桌」，非常有趣。可以好好地聊聊，凝聚在地人的情感，透過自然栽種無毒害作物的餐敘，讓他們這群居民，更有愛土地、愛環境的共識了。

「啥時勾會辦啊？」意猶未盡的村民好奇地問著。

信淳內心，原本只想用一年一度的方式舉辦，但看著大家興高采烈熱絡地反應，她心想，「或許可以半年就辦一次。」

營造趣味感，蛙仔萌樣，叫人會心一笑。

玩偶掛飾盪呀盪，盪著幾分緩慢溫吞的放空節拍。

寫心圖文，迴盪再三地攏聚舊雨新知。

悠然賣饅頭的山居歲月

員山是水的故鄉，一年四季，水都不虞匱乏。粗坑溪、五十溪環繞的雙連埤，風景如詩如畫，居民生活用水，來自於溪水和山泉水。

在山上用不著開冷氣，親近溪流，心靜自然涼，信淳與女兒知足過日，深山客人不多，很悠然地賣著饅頭過生活，便足矣。

山嵐彷若號召似的輻輳，氤氳擾動於山頭與維谷間，都是景，也盡是美。夜幕漸漸低垂，下午五點自雙連埤發車的小巴，準備要回宜蘭，端視左右前後空空盪盪的景況，看來今天這兒沒乘客要陪伴司機下山了。

漸趨漆黑的夜裡，透出絲絲涼意，不需害怕寂寞，因為繁星明月立即探頭出來相伴，交錯著蛙族聲響樂，信淳獨自一人，打著手電筒觀察記錄蛙群的日常。

月朗夜空觀照，一切真實猶如輪轉大地的晚間餘興。

群山如大鵬展翅般，時而翼蔽這片境土。饅頭的味道，一如醞釀著情牽的思念，散溢咖啡坊每個角落。

山上人間，或不問緣由，但問心之所歸，與純清契合，當下，才是最值得珍惜擁有的。

「杉舞三生」此景深情，美麗不息，因緣而識。

種豆得豆，山裡適合什麼，就依順自然法則的耕耘而獲取安心滿足。

彷彿天造地設的坐落安排，讓信淳與韻筑找到修習身心的基地。

寄情山水來到雙連埤，簇擁一片原始秀麗勝景，當前綻漾。

淳樸鄉情映入眼簾，杉舞三生迎君入座。

弄果舞蔬，田園生活怡然自得。

杉林幽靜，以自然農法維繫萬物生息，是信淳不變的堅持。

種瓜得瓜，與大地和諧相處，知足而常樂。

十足趣味的站名。

info

杉舞三生

地址：宜蘭縣員山鄉湖西村雙埤路 35 號
電話：039228935
營業時間：每周四、五、六、日、一，午後至天黑。〔13：00～17：30〕
交通：
國道五號由頭城交流道下，經壯圍接員山臺七丁線抵達。
搭乘 753 小巴由宜蘭轉運站，至下埤終點站下車，步行十分鐘抵達。

順遊景點：

福山植物園

地址：宜蘭縣員山鄉湖北村大湖路 134-2 號
電話：03-9228900 、 03-9228942
開放時間：09：00～15：00，每周二休園
交通：
國道五號由頭城交流道下，經壯圍接員山臺七丁線抵達。

毛蟹冒泡湧泉戶外戲水區

交通：
國道五號由頭城交流道下，經壯圍接員山臺七丁線抵達。
搭乘 753 小巴由宜蘭轉運站，至毛蟹冒泡站下車。

慢活

世界越快，腳步就要越慢

夜晚聽得到故事的親子溫馨民宿

說故事高手馨逸老師把親子民宿化成孩童聽故事的驛站，
讓入住民宿的孩童入睡的夢境，總是甜蜜而富想像。

院子裡的小苗，慢慢長成為大樹，那是夢想森林的未來基地。走入民宿，森林意向（木作元素）錯落有型，拾級而上來到屋中樹屋，發現存在的故事。

聽來受人讚賞，象徵草根性生命的有力字句，由馨逸老師口中說出，卻能讓人感受到它的溫度。她是宜蘭縣府文化局的故事志工，平日民宿不忙時，便在圖書館義務幫忙，孜孜不倦，推廣學童說故事的公益活動。

引導孩子養成閱讀習慣

層層疊疊，不時添購的故事書本，整齊井然排列在櫃上，如數家珍。

「我從民國八十三年起就開始說故事，除在幼稚園當老師，還先後參與『晨光故事媽媽』，以及『醜小鴨故事劇團』等。」馨逸將書一邊擺進書櫃、一邊說：「頭城到南澳，都有我們足跡，不定時和圖書館駐館義工交流推廣『零到三歲齊步走』活動，讓孩子養成閱讀的好習慣。」

席地而坐說故事，歡樂時光總令人期待。

比擬童心角色互換，可愛一下。

馨逸老師很討小朋友開心，扮起玩偶劇，生動活潑。

民宿推廣閱讀，講童話演話劇樣樣精通

屋內細膩平實的布置，充滿童稚妝容，即便一早還沒有親子家庭入住，都能很天真無邪地想像小孩穿梭廳堂的活潑影子。心念單純就快樂，每一張童顏笑靨，都在馨逸心中深刻盤桓。

螺旋式木梯直通樹屋，散發童話想像的神秘。

樹屋閣樓營造童趣意象，親子入宿增添度假喜感。

我是一個大小孩，故事永遠說不完

一開始找設計師談「樹屋」放書的概念，再加上「親子」入住對象的考量，一個故事劇場空間，從此量身訂做生了出來。

每當遊客外出走逛，馨逸都會提醒他們：「用餐完，記得民宿晚上九點有說故事時間哦！」

「一場二十分鐘左右，設定說故事聆聽對象，是一歲到國小五、六年級的學齡童。」馨逸說：「若入住小孩沒有聽故事的經驗，我通常會以問答獎勵方式帶動，希望他們用心發覺這裡的微妙氣氛。」

「只要肯聽，就是一個小朋友來捧場，我也會說得很開心。」馨逸補充說道。

家長往往也渲染赤子之心，昨晚的故事相逢似乎意猶未盡，一早還滿懷期待的問：「早上還有說故事時間嗎？」馨逸相信會來入住的家庭，基本上都能認同民宿的做法和想法。而且，他們也都相信，孩子的記憶，會停格在民宿的這一晚，全家一同擁有的快樂時光。

「媽媽，我好想再去晚上有阿姨說故事，後院有盪鞦韆，可以去摘蔥吃蔥餅的地方喲。」馨逸回想起客人轉述，臉上充滿欣慰神情。

「自從去過妳的民宿回來，孩子變得喜歡閱讀耶！」有客人向馨逸訴說，讓她的心境也跟著年輕起來。

「『小馨馨阿姨，我找到妳了。』以前聽故事的小朋友，在圖

夫妻倆默契十足，眼光獨到創建親子屋，擁抱幸福寄託。

以森林概念設計，原木質感的玩樂設施，溫童心懷。

書館遇見我，那種溫馨當下，叫我好難忘啊。」馨逸語帶驕傲地說。

親子外出散心放鬆的「第二個家」

「我希望能從網路讓客人知道我們的不一樣，從而結識一處攜家帶眷的溫情民宿，或是整個家族外出放鬆的夢想停靠站。」馨逸說。

由於網路佳評如潮的肯定，有的客人一進門就先探問，「晚上聽得到故事嗎？」馨逸透過民宿推廣閱讀，也培養孩子透過閱讀轉移注意力，讓他們藉由閱讀，忘卻身體疾病的不安，進而有能力和機會成為在校語言資優班的一員。

「開民宿的過往經驗，讓我心懷一個向上的動力。」馨逸表示：「藉由說故事時間，讓小孩熱鬧滾滾的玩成一片，互動學習的寓教模式，最能徹底放鬆而有效益。」

「曾在幼稚園任教，我『這個班』喜歡用說故事方式，帶出互動教學。」馨逸接著說：「今天只要幼稚園園長邀我去編個小劇做演出，我依舊非常樂意接受的。」

原來，當年「這個班」，就是園長眼中的「演戲班」，用戲劇呈現故事，透過潛移默化的劇情，讓孩子學得更快。

「我小孩生病的那些日子，我們走向圖書館，讓心靈得到更多啟發，等孩子健康了，心裡的迴盪要我回饋社會，說故事民宿就這樣誕生了。」馨逸說著她開「故事民宿」的初衷。

我靜靜沈思，童話世界有多姿多采的故事，馨逸老師心扉，必定也有數不盡的童言童語的「溫馨答謝」讓她默默品味和細細思量吧。

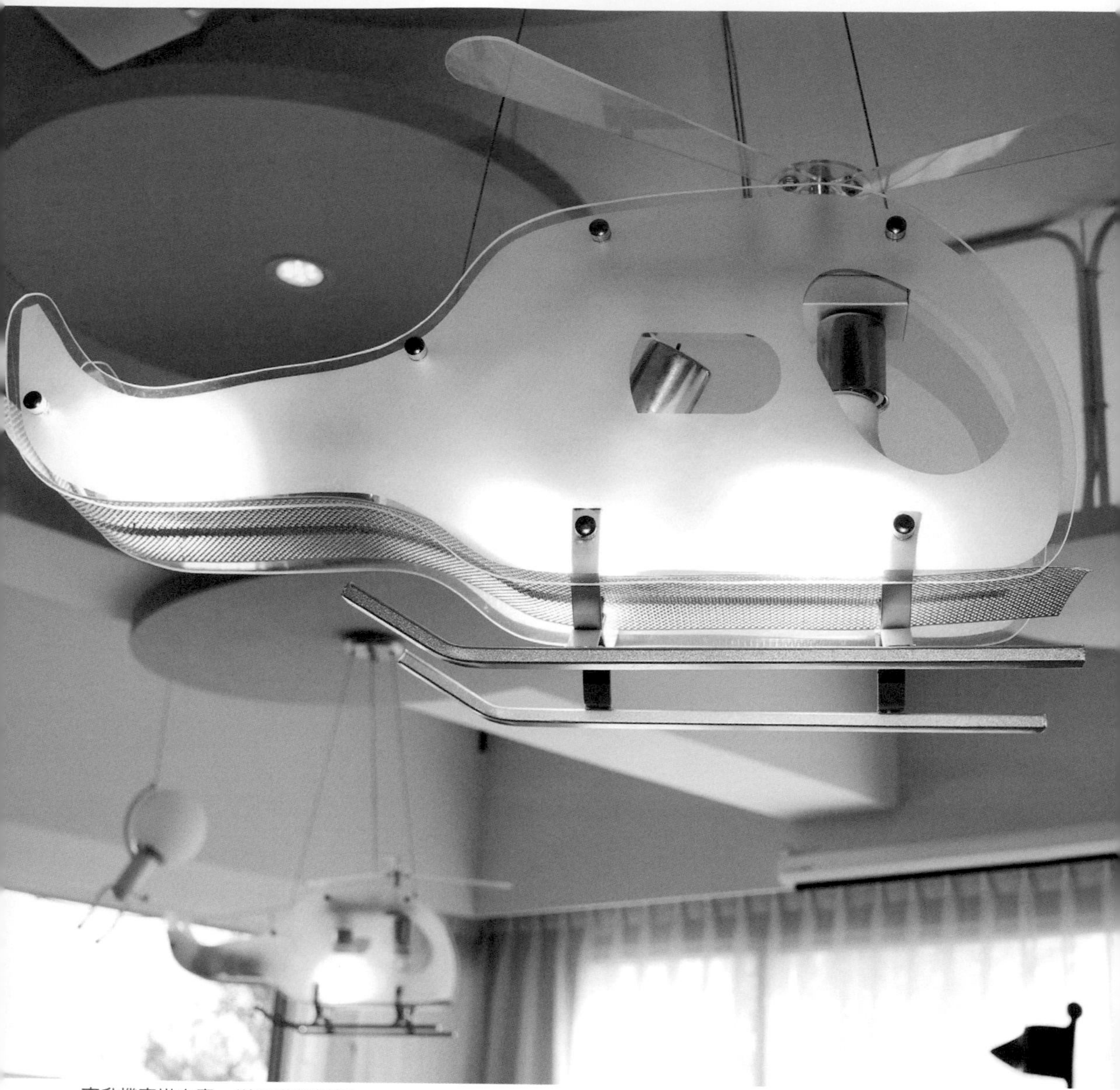

直升機高掛玄廳，增添遊樂氣氛。

樹屋童書種類豐富，間接培養小朋友閱讀興趣。

咕咕鐘高高掛，別緻靈巧。

可愛豬卡通沙發，模樣逗趣。

迎賓櫃檯布置典雅，備感主人處處用心。

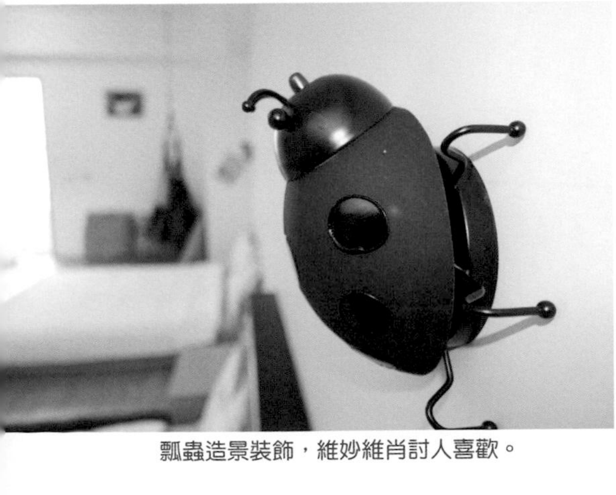

瓢蟲造景裝飾，維妙維肖討人喜歡。

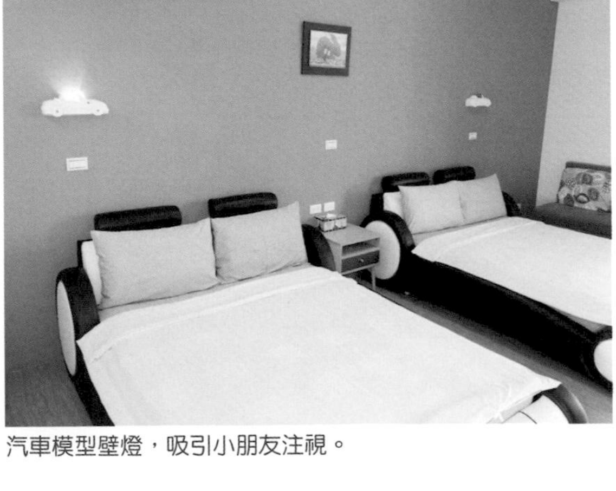

汽車模型壁燈，吸引小朋友注視。

大片明亮採光的玻璃窗，引人倚立凝望。

房舍裝潢獨到，映襯戶外優美田園。

床沿增擺嬰幼兒搖床，頗為貼心安排。

球體燈飾，新奇亮眼。

維繫生態環保的親子屋

「民宿不要蓋太高，二層就好，否則會影響農作物日照時間，水鳥天堂也會受影響，所以呢，要對一旁的農田友善喔！」馨逸說：「文化局團隊的媽媽和退休老師，總是這般叮嚀提醒。」

馨逸接著指出：「我們施工都是照著法規走，在生態現實考量點上達成一個平衡點。配合精緻農業走向，不用水泥，蓋民宿兼顧到排水問題，讓雨水回流循環農地，我們一直積極去推行環保。」

動物也有脾氣和個性

「大捲尾（烏秋）倏地低空襲擊，只見大人把衣物疊在頭頂，都來不及躲藏，這幕寫實趣味景象，逗得一旁妻小笑得東倒西歪。」想起這類往事，馨逸覺得這裡環境，就是田庄鄉下最樸實自然的剪影，一點都不做作。

我聽聞忍不住掩嘴嗤笑，到底滑稽的一幕，也是人與自然萬物的日常相處。

兩隻狗兒杯麵（badman）和白飯，咕溜咕溜的眼神轉呀轉，模樣逗趣。杯麵是俊哲和馨逸從宜蘭收容所領養來的，白飯原先是流浪犬，後來跟著杯麵回到民宿，就成了一家人。

馨逸分析，遊客下車若有稚齡小孩身影，牠們多半會在一旁靜靜觀察，但卻不太理睬國小學齡的男生，原因是彼此都沒有互動的意念。

不像民宿卻像家的親子民宿

「當初工人猜想：『四四方方的格局規劃，這裡應該是要蓋間幼稚園，或是倉庫什麼的吧。』我先生也說，全臺灣應該沒有人搞這種民宿不像民宿的嘗試。」馨逸說：「但我想要的是一家人一起參與的互動感，不要失去初衷的親子遊情。」

稻穗熟成，是一席綠毯綿亙的景致，收割休耕之時，又變幻成另番波平如鏡，宜蘭八景之一的水田倒影，便是如此的讚嘆。

「我們這裡的水源，是由太平山下來的伏流水，是一處水脈天然潔淨。田畦田埂，綠意油亮一派明麗，是咫尺範圍美景，很多時候，心境舒暢是取自於大自然的款待。」

馨逸表示：「民宿如今，不再僅狹隘只是住宿的印象，甚至已然成為一個景點的概念。」

「我是嘉義市人，住家周遭看不到田景。剛嫁來時，就常瞧見人被烏秋追的奇特現象，牠們在春天時會築巢，會揀樹枝、線狀物做材料，盯上人的頭髮，自然而然的想要就地取材……」馨逸發現自己和很多人一樣，嫁來宜蘭，慢慢地融入生活，如今會熟練地說起在地故事了。

馨逸說：「我常看到鄰居夫妻有時吵了小架，各自去戶外遛個鞦韆，再進屋子，就凡事太平。」

閒坐木椅談天，狗兒爭寵一幕溫馨自然。

毗鄰矗立，民宿與水田幾無距離的融為一體。

下田囉，體驗摘葱趣。

豐收的喜悅，三星葱是在地指標作物。

葱滿農情的庄下風采。

DIY體驗拔蔥做蔥派

前往蔥園體驗園區，放眼路旁三星蔥栽培面積，一片燦綠。政雄大哥和美月嫂經營的星寶蔥園，提供遊客DIY體驗，他們是蔥農起家，因天災與價格因素，常有不可預期的經營損失，遂轉型兼做蔥油餅。馨逸和他們相互合作，教大家什麼是最道地的農村遊興。

「我們要將當地的特色帶出來，推廣屬於此地本有的產業文化。除了摘蔥，也可以去焢窯挖番薯，參觀宜蘭傳統藝術中心，遊客想要有的體驗，我們會逐步地和各個業者接洽合作，串連成一個遊憩網絡。」政雄大哥有條不紊地說。

吸引遊客回流的後院「美麗森林」

牆上咕咕鐘，紫外線奶瓶烘乾殺菌機，房內牆上的小汽車、瓢蟲模型，專屬嬰兒床，民生所

微焦黃的三星蔥派，內餡飽滿美味。

美月老闆娘親自示範，煎著香溢四起的蔥派。

政雄夫妻種蔥賣蔥餅，深耕蔥園的執著心念做出好口碑。

需一應俱全，來此度假的家庭，從不煩心。

馨逸未來要在後院，整理出一個生態小水池，種植花草、櫻花、桂花、落羽松，吸引水鳥、白鷺鷥等在此停留，把這兒妝點成美麗森林，希望有更多的遊客，能夠回流。

此刻的我，暫且不想疾疾徐徐的四處走馬看花，只願坐在椅凳上，靜靜的書寫屬於這裡的故事美好。

info

夢想森林親子民宿

地址：宜蘭縣三星鄉大德路二段 613 號

電話：0935155628

交通資訊：由國道五羅東交流道下，循三星鄉方向抵達。

星寶體驗農場

地址：宜蘭縣三星鄉東興路 7-5 號

電話：039-891048 0921956813

交通資訊：搭國光客運由羅東起站至天送埤下車，步行三分鐘抵達。自行開車由臺七省道宜蘭往太平山 101 公里經泰雅大橋左轉約一公里抵達。

「馬上」幸福快樂的美麗人生

和馬相處，與馬一起奔騰，同馬一塊生活，Selina 眼神堅定地訴說：「我這輩子應該是離不開馬兒 Cleopatra 了。」

初次和 Selina（永菁）訪談，就感受她樂觀大方的開朗個性，和藹近人，她表示自己喜歡滑雪、衝浪、潛水、騎馬，享受運動給心靈帶來的踏實感。

當談話主題，聚焦在竹南馬廄的愛馬 Cleopatra 的近況，只見她沈浸其中，泛著陽光般燦爛的微笑臉頰，侃侃道來。

「希盼有一天，我能開著休旅車，後頭連結運馬車，隨時都能找一處原野，和 Cleopatra 形影相隨的踢躂節拍。」縱然臺灣沒幾人能瀟灑實現這般情境，Selina 說，她還是努力地豐富自我，築夢伴隨，徜徉自己渴望的如茵綠地。

為愛馬構築馴養莊園

只為一廂情願的照護愛馬，Selina 找到土地，蓋了未來可以陪牠養老的屋舍庭園。

回想昔日參與潛水，在船上五天，跟朋友聊起開民宿的話題，在同伴勸進下，靈機一動：「咦，我何不也來經營民宿呢？反正馬兒還沒老，多增加一些收入，可以更愜意地養馬啊！」Selina 笑顏逐開的回憶往事。

馬廄民宿巍立藍天下，格外醒目高雅。

庭園造景幽美，多了些許綠地盎然的清新度假風。

歡迎光臨，馬廄民宿。

Selina 容光煥發，閒聊相關馬兒事務。

室內戶外，馬兒裝繪飾物都成美好印記

「友人知道我如癡如醉的愛馬喜好，總會不時寄來相關馬的玩偶和陳列品，送給我收藏。」Selina由一樓逐步介紹到二樓，指著房內各式擺設表示：「我也會在國內外旅遊時，找尋到鍾愛的結緣品。只要是可愛、有感覺的馬匹飾物，我一定會把它擺在民宿各個顯眼的角落喲。」

逛了一圈，舉凡牆上掛的、畫的、貼的，平面或立體，小到如開瓶器、便條紙、名片和Selina戴的項鍊墜飾，都浮現與馬關連的意涵。隻字片語交談，我深信Selina對馬匹事物關愛和關注的熱度，無庸置疑。

我目不轉睛望著一件件「暗藏價值」的擺飾物，想像Selina當初得到它們的亢奮情景，一定有許多值得炫耀和回味的浪漫情懷吧。

手捧從小就熟悉不過的旋轉馬縮小版飾物，總是滿懷美麗回憶。

牆上裱框馬兒圖案，是旅行美國在海報店裡找到的，躺著看馬入夢，這般感受特別有趣。

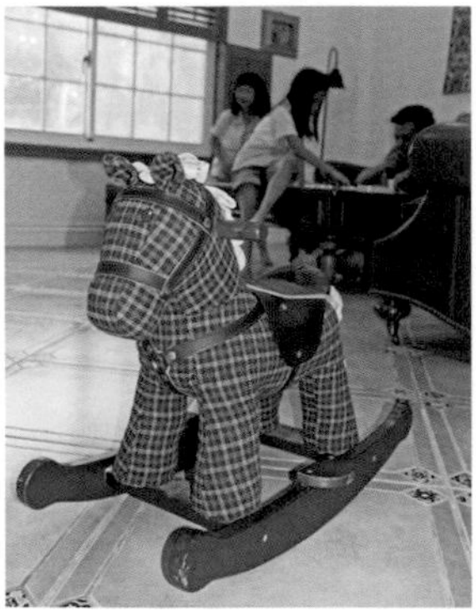

朋友送給Selina當做生日禮物的可愛小木馬，讓人一同感染童稚心語的純真呢喃。

Selina到國外旅行買的logo馬裝飾，開門見山地掛在門口，寓意深摯。

維也納買的馬匹陶瓷品，精緻唯美。

銅質馬像，牠們拉長脖子好像想和長頸鹿一較長短。

障礙超越賽事榮獲的獎座，讓 Selina 肯定自我追尋的標的。

掛鐘裡的馬匹，顯得沉歛而穩重，好似踏著節拍度過今昔。

童飾毛毯，真有它幾分小馬兒 Cute 版模樣。

生活離不開馬，Selina 日常就是要有馬兒做伴。

溫調燈系的民宿內景，散發一種自然衍生的柔和氛圍。

姪女一句「生日快樂」，點滴在心頭

「圍牆上的馬匹圖騰，是我姪女畫上去的。」Selina 說，既是馬廄民宿，當然少不了馬兒元素，來襯托一份莊園風情畫。

話鋒一轉，她回想自己「有洋蔥」的往事悸動，是一個颱風天的午後。

「大門被強風吹壞，我跪在地使勁的用扳手想將門栓拆解，卻怎麼也打不開，而姪女只能在旁乾瞪眼，無法幫我，此時，客人一行又恰巧到臨，卻不得其門而入，那般窘境，頓時讓我一個人徒呼負負的不知所措……」

Selina 話中有話，略帶激昂接著說：「這天入夜，一句『小姑姑，祝妳生日快樂，我會一直努力地畫馬兒，讓牠們永遠陪伴在妳身旁哦。』幾乎就要讓我內心感動到融化了，原來，姪女一直有在關心我啊，聽到如此祝福，讓我當下情緒峰迴路轉，全然釋懷地舒坦入眠。」

姪女畫的馬像，生動躍然的圍著民宿縈繞。

馬兒素像，在平日靜靜地拼貼屬於莊園的輪廓。

日常整理庭園，Selina 為民宿鋪陳夢的遠景。

唯妙唯肖母子馬，流線逼真。

民宿成為拍照打卡勝地

「啊，好漂亮的城堡喲。」從門口開車經過的遊人，目光被民宿的唯美鄉村風，高雅不凡的外在所吸引，每每都會下車佇留拍照打卡。

開滿紫色花團，洋溢著慢調度假風

庭園裡，不論結實累累，看來好似一排排育果溫床的芭蕉串，抑或樹梢尾端長得毛茸茸模樣，還在青澀階段雙頰生津的小桃子，以及開滿紫色花團，盡情延伸的飄香藤，視線所及的樹木花草，在在都綴飾著慢調的度假風。

在民宿DIY做餐點，是一大樂事，Selina 細心規劃，購置進口桌椅與各式精美食具浪漫搭賞，早預設大夥人聚餐所需縈繞的溫度、幸福與唯美。

晚上坐在屋外乘涼，聽著蛙鳴蟲嘶的夏夜裡，無論家族天倫樂，還是兩人世界綿綿情話的享受微風，都是多麼確幸的事呀！

客人溫暖迴響，是一種無價回報

「我記得民宿第一組客人，是赫赫有名的印度大師古魯吉，他專精瑜珈與心靈學理，是生活藝術大師喔！」嘴角上揚的 Selina，不由地想起一段段過往。

「夏天頂著大太陽，篤信教義的旅人一家，虔誠地為我祝福禱告，爸爸和女兒一同牽著我的手，當睜開眼睛，我耳際傳來一聲聲的謝謝，感動不已。」

「還有一回，來自花蓮的一家人離去時，老奶奶握著我的手，感念入住的溫暖舒適，邀我日後去花蓮家裡找她，她要好好的招待我，剎那間叫我心頭好是溫暖，也不禁想起自己奶奶和藹親切的笑容。」

聽聞 Selina 每一段記憶猶新的對白，在我內心深處迴響許久，我想，那是旅途上最撩人思緒與懷想的真心話。

外貌似歐式城堡的馬廄民宿，要人不佇足欣賞也難。

Selina 和好友小梅，看著庭園一草一樹成長的蛻變。

有了歲月刻痕，馬蹄鐵訴說著流光故事。

三五好友整裝列隊，騎腳踏車蹓躂去。

澆花壺上，依舊見得到馬之蹤影。

庭園樹上的桃子，愜意地享受日光浴。

只求樂活以對，向童年味道撒嬌一下又何彷？

結實纍纍的香蕉，增添庭園自然氛圍。

馬兒成為人生最佳拍檔

「看小甜甜和安東尼騎馬，無憂無慮，好開心啊！」Selina 記憶猶新，童年時最愛看的「小甜甜」卡通片，好羨慕安東尼和小甜甜兩小無猜，騎馬同樂的美好時光。

每個人生階段，都有馬兒的足跡

「目光和螢幕裡的馬，有了接觸，我開始對遊樂區伴著音樂繞圈的旋轉木馬，有著迷似的癡戀。投幣式的幼兒電動馬，我的眼神也總會多所停留。」Selina 說。

從遊園場合以至公園、校園，舉凡看見任何蛛絲「馬跡」，都是 Selina 常常佇足流連的「注視對象」，這番執著的著迷性子，與生俱來，她就是喜歡馬兒這類的大型動物，溫馴性靈，親近善對，和人總是很相處得來的好伙伴。

出社會以來，Selina 絲毫不曾轉移自己對馬的鍾情與關注。在一次開車收聽有關三天兩夜騎馬活動，開啟她與馬兒的緣份，經由不斷出入臺灣各地馬場，不停歇地參加馬術與障礙超越的訓練課程。

跨海尋覓，內心渴望的那匹良駒

Selina 和教練去德國 P.S.I 馬場，找尋內心那匹良駒，在試乘期間，光障礙超越這關，就已經讓她摔倒數回，體驗了小小震撼感。

「Cleopatra 是一匹受調教的六歲奧登堡母馬，我騎著牠在跳過一米四公尺的障礙超越高度時，騰空那幾秒的時刻，是很酷的感受，世間彷彿已然停格凝結，只屬於我跟牠。」Selina 陶醉眼神，像是還在德國般的渾然忘我。

「其實，一見面的當下，牠就有著一股小脾氣，白眼對我，不給好臉色，走跳間總不專心地側頭看我。我呢，也不甘示弱回應，當下認為這是匹驕傲的小馬，一副很臭屁的姿態。」Selina 回憶說道。

「所以到頭來，妳還是虛心接受，因為牠的確有好本領？」我明知故問地搭腔。

「Cleopatra 跳障礙時，眼神所散發的強烈自信，叫人佩服，我不得不說，自信果真是來自於牠的能力。」Selina 很享受比賽，每次面臨具挑戰性的環節，都以絕佳默契順利完成，這是騎馬以來，內心一直存在的感動。

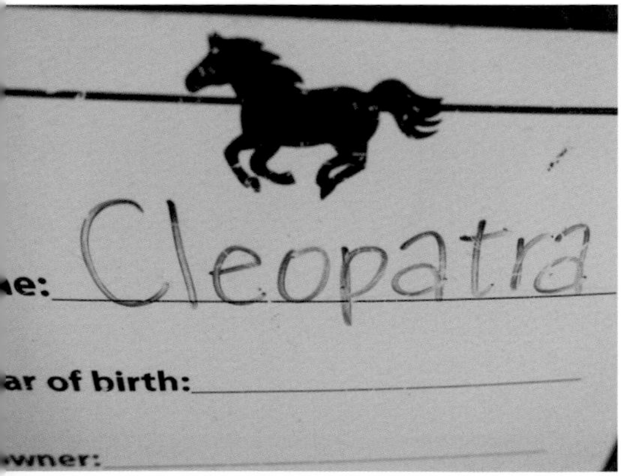

名牌，我的馬是牠。

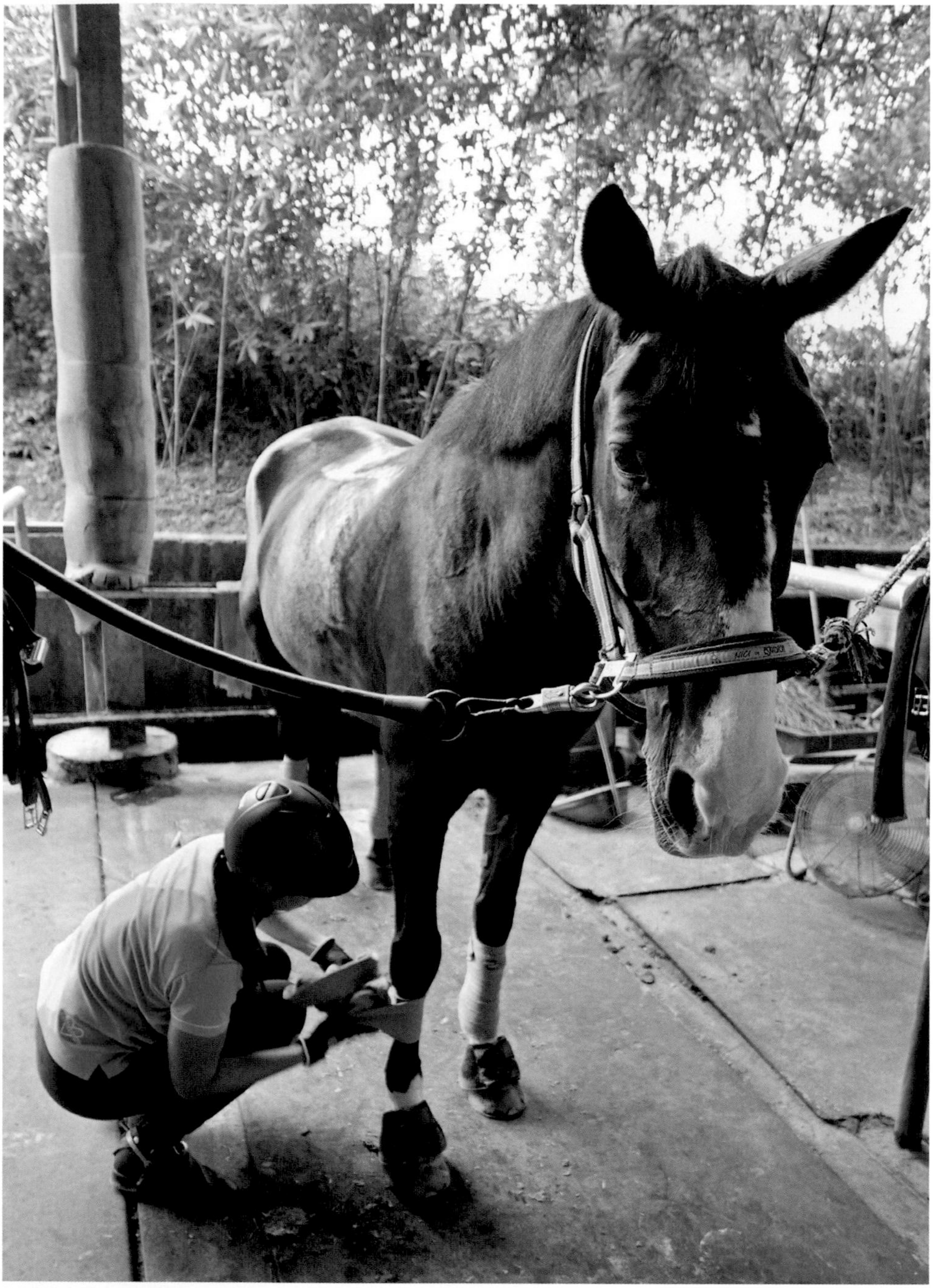
對愛馬的眷顧和賞識，是 Selina 的人生執著，也是直率表露。

甜蜜的負擔與貼心的呵護

「我帶來牠最愛吃的蘋果，這股神祕感，老早就被牠敏銳的鼻子給摸透。」Selina 說。

俯身蹲下，解開 Cleopatra 腳上纏繞的綁腿，日久生情，Selina 只要輕輕地碰觸一下馬腿，Cleopatra 就知道是要幫牠清除馬蹄鐵裡的沙土。四目相望，是兩相訴說內心的告白，我瞬間拍下這自然動人的一刻。

原來，Selina 一個禮拜有三天來馬場和 Cleopatra 互動觀照。有時幫牠梳理馬鬃，清洗絨毛，四十五天一到，便要請人來更換馬蹄鐵，保護蹄甲。我看見 Selina 甚至用吸收效果良好的進口木屑鋪陳，讓 Cleopatra 享有舒適的休憩地。

「偶爾我知道牠在鬧情緒，就會對牠說『你今天是怎麼了？你好壞，都不聽話了，難怪大家都叫你恰查某，你要給我一點好樣的表現嘛，不然我們剛才在練習場的糗動作，都被人笑了啦。』」Selina 不諱言，再好的伙伴，怎麼可能從來都不鬧彆扭呢？不論是人或馬，都是一樣的。

「有時候一整個下午，我會坐在馬廄裡，放空陪牠。最近一陣子，我開始在心中思考，當年把牠千里迢迢，遠渡重洋帶來臺灣，這樣的做法到底是不是合適的決定？如此聲音一直在我心頭打轉。」

Selina 一番言近旨遠的描述，讓我心頭也跟著起承轉合，似有撩動鄉愁的情緒在作祟，而已十八歲的 Cleopatra，面對善感體貼的主人，倘若心有靈犀，牠又會表現什麼樣的情緒語言呢？

眼神交集，是彼此專屬的話語默契。

大口吃蘋果，是 Cleopatra 興高采烈的休閒「食」光。

默契十足的賽場好麻吉

「一步換腳，二步換腳，飛快換腳……」，各種收縮伸長的間步距離，是馬術美姿美儀之所然，必須人馬有相當的心靈默契而成就。「二連續，三連續……」，是障礙超越場地裡，到位準確與否的關鍵因素和細節分寸，這些都是Selina經過日積月累訓練，才能換得的高標準成績。

人和馬溝通的語言，騎乘重心轉換，手腳所賦予馬兒的「指示」，嘟嘴巴、吐氣，微妙小暗示，很專業的細微碰觸指令，不是專業人士根本看不出來。

我為了拍照，在室內比賽訓練場的蹄跡線裡，走得膽顫心驚，躡手躡腳地。就定位後，也絲毫不敢輕舉妄動，就怕Cleopatra不認識我，向我迎面撲來。

Selina看我這般，不禁竊笑地說，「哪有那麼可怕，我和Cleopatra可是默契十足，一定會閃過你的。」

人馬一心，訓練磨合是培養技藝的日常縮影。

和馬一塊生活，一起憧憬未來

曾經摔傷，導致手臂擦撞圍欄的白油漆擦痕，吃飯時被家人發現，家人因而都勸她，不要再進行這麼操煩而有風險的舉動。

「但是我就是愛馬呀，受傷後，醫生也不允許我再去潛水和騎

人馬情結相偎相依，有說不盡的過往溫馨。

有情感了，稱默契，生感情了，就叫愛惜。

Selina馬上英姿，好叫人為她鼓掌喝采。

馬，但我喜歡運動的快樂感，為了熱愛的事就會有熱情，甘願吃苦，犧牲掉許多事情。」Selina 說。

對於隔了半年能夠再次上馬，Selina 有著無比感念。因為，執著的她不想從此停止馬術，明知醫生曾說過「不要再想上馬的可能性」。

現在 Selina 一個星期內，要不停地在自家、民宿和馬場來回奔波。依身體狀況，她量力而為地一邊復建，一邊做基本馬術熱身騎乘。

「和馬相處，與馬一起奔騰，同馬一塊生活，我這輩子離不開馬了。」Selina 感性地告白詮釋。

愛馬和懂馬，所以人生一方留佇的美奐民宿莊園，是 Selina 走過、耕耘過的魅力夢境，典藏，也如實真純。

護馬懂馬愛馬，Selina 視牠為一生重要的好伙伴。

愛馬的真情故事，每每生動自然的上演。

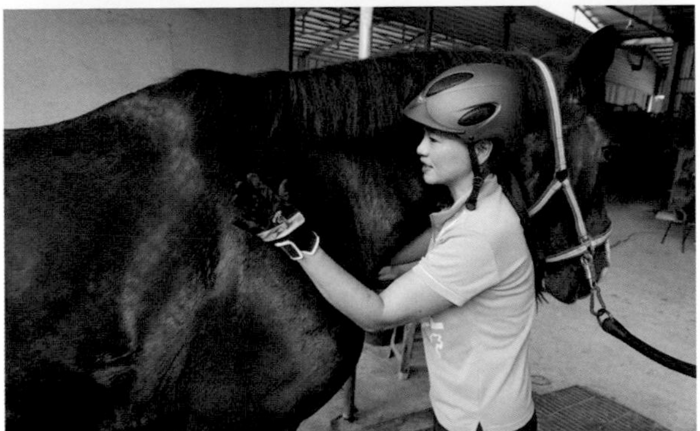

拍拍，辛苦了馬兒，休息囉。

info

馬廄庭園民宿

- **地址**：桃園市龍潭區渴望二路 125 巷 72 弄 13 號
- **電話**：0988606896
- **交通**：國道三號龍潭交流道下，走大昌路經龍潭大池接中原路，再經新原路接渴望二路抵達。

附近小吃

- 龍潭大池旁開元宮周邊小吃攤（手作豆花、生煎包、橋頭老麵店、東山鴨頭、地瓜球等等）
- **交通**：開車走國道三號，於龍潭交流道下，經大昌路二段接北龍路、神隆路抵達。

info

馳之安馬術中心

- **地址**：苗栗縣竹南鎮公義里友義路 71 號
- **電話**：037-585286
- **交通**：國道三號下香山交流道，循友義路抵達。

info

高雄海產粥

- **地址**：桃園市中壢區中央西路二段 181 號（中壢市觀光夜市旁）
- **電話**：03-4020279
- **營業時間**：11：00 ～ 03：00，周一公休
- **交通資訊**：國道一號中壢交流道下，走民族路往中壢方向，經左轉新明路抵達。

收集旅人滿滿感動的兒路民宿

蜂爸蜂媽塑造部落精神象徵的民宿精髓—用一對漂流木翅膀的族鳥意涵，打造和來訪朋友心靈交流對話的空間。

太魯閣族文化薈萃，在牆上浮現滿滿悸動。

保有原貌不刻意雕琢修飾，如此直率呈現的觸感，富含自然力量的歲月刻痕。

只用漂流木，組合成一對翅膀與一棵聖誕樹，以太魯閣族祖靈眼睛裝飾，當入廳屏風，原民風尚濃郁的民宿天地，別具文化特色。

莫忘祖先走過的路

Elug Yabung 是太魯閣語，有深邃象徵意涵。Elug（兒路），族義為馬路、路上，Yabung，是蜂媽太魯閣族的族名「蕥夢」，為民宿命名，是提醒自己不要忘記祖先走過的路。

蕥夢說，身為太魯閣族人，了解祖先留給後代的智慧與資產，是一件值得牢記而驕傲的事。

翅膀，在民宿牆活靈活現翱展，表徵溯本族源的一份冀盼。

聚焦翅膀曲線，時光彷彿倒流

蕥夢（蜂媽）和金龍（蜂爸），一同把兒路民宿妝點得極富主題意象。

太魯閣族神鳥的「翅膀」元素，以繪畫或是立體形式出現在迎賓廳堂和房間牆上，在在表露蕥夢對族人文化的重視與崇敬，也引起鄰居與路人矚目。

「這對翅膀，代表神鳥『西利克』，是有著守護意義的，代表吉祥象徵，也傳遞兒路民宿的精神，守護族人與來訪的朋友，保佑行旅順遂，神鳥對族人而言，是生活占

祖靈之眼圖案，是以無數繞線結匯而成，輪廓美麗。

太魯閣祖靈之眼，庇佑著兒路民宿，日安幸福。

兒路外牆，風格別緻。

漂流木也搭賞佳節應景，聖誕樹或許還會長得更高大些。

卜的神聖旨意。」薙夢語緩而自然地為我解說。

環繞如此話題，她希望遊客透過介紹，了解太魯閣族文化風采。民宿現場親力親為示範傳統織布、手做薏苡工藝品，也常會請部落學童與族人獻唱族歌，旅人可穿上太魯閣服加入行列，跟著高唱，增進彼此情誼。

「織布、手串薏苡首飾、香蕉飯、馬告飲料……，很多的文化在我還是小孩時就產生斷層，現在要將這些感覺找回來，我必需用心去學習。還有泛泰雅族系的木琴、口簧琴，都是民宿裡可以接觸的技藝。」

薙夢感言很具省思，先把族人基本文化學起來，生命力，隱而不言，都能在日常生活中得到驗證。

永恆的族源記憶，讓造訪遊客一塊見證主人付出。

外星人 E.T 也結合翅膀主題，很是新穎的創作力。

重溫族文化的手作品

大廳傳來一聲聲 Bung！Bung！Bung！那是織布機木頭相撞擊，產生的響亮音符，不絕於耳。

在民宿裡學習部落精髓

「母親那一代，或多或少還有傳習到織布，但已經不是最完整的，到了我們這輩，生活便沒有接觸這些文化，印象裡我是空白的記憶，後來都是透過老人家轉述，才知道部落有許多我們這一代不知道的傳統智慧。」蕥夢有感而發地說。

我看比黛（Piday）與蕥夢熟練地用傳統地織機織布，美惠則是以桌上機織布，平日她們經由研習課程，傳遞這項技藝，同時教導學生基礎扎根的重要。

「我花一年多，摸索傳統地織機技術，族人都說我學得很快。」蕥夢謙虛地說著。

一邊學部落技能，一面裝飾民宿，部落文化的傳承意象似乎慢慢地浮現，再過幾年，若有更多族人聚集在兒路民宿，為部落信仰祈安祈福，重現文化美，會是多麼令人動容的場面啊！

蜂爸體心，用烏心石木製作地織機，親手刨木到成形，都是一點一滴的心思所集，送給蜂媽編製傳統美藝。

蕥夢不忘從小以來的信念，「太魯閣族的男人，要會打獵，做石板陷阱，女人要學織布，生產被單、桌巾、衣服、圍巾等，原住民應該有更多文化被重視，被發現。」

找回太魯閣文化精髓，婦女織布是其中一大要項。

重溫傳統技能，䕀夢駕輕就熟地操作地織機。

比黛展示細膩精緻的薏苡項鍊。

臨場觀摩，織工木頭撞擊響聲不間斷地傳遞。

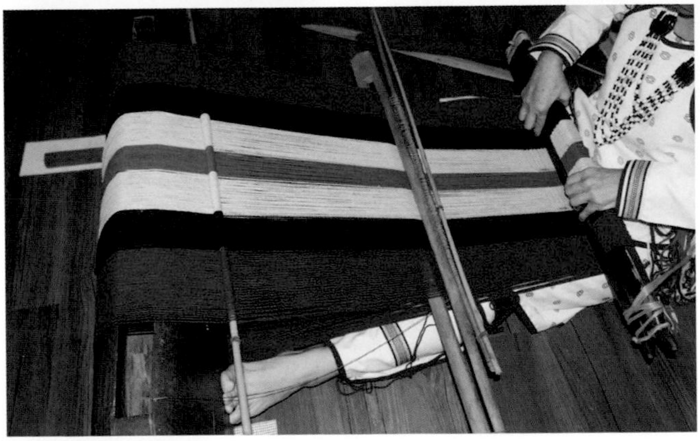

地織機織布過程。

示範桌上織布機，美惠熟練精巧。

心情跟著樂曲音符旋律飛揚起來

四位文化演出者穿上太魯閣服飾那一刻，我觀察每人臉上映著光輝，襯托嘴角微揚的弧度，心情亦跟著溫馨踏實起來。

蜂媽（蕥夢）即興演奏，鋼琴傳遞太魯閣族的動聽樂曲「你是我的情人」，和諧暢順而悠揚，音色好似讓波平如鏡的湖面，漾起漣漪般美哉，讓蜂爸靜靜聆聽著，想起一段段屬於他們過往的親蜜，綿長深刻。

寵物貓「樂樂」倒是靜不下來，在沙發間一左一右跳躍，留下歲月的抓痕，誰都拿牠沒轍，讓蜂媽蜂爸是又好氣，又好笑。

走向屋外，我欣賞民宿前的枯木大支架，有種粗獷自然卻穩定的意向，上頭以植栽方式，插種各類草花點綴，熱情迎接入住的朋友，備感貼切。

口簧琴口技，餘音迴繞。

鋼琴動人彈奏，蜂爸蜂媽蜜意相連，鶼鰈情深。

蜂爸蜂媽即興演奏，木琴與口簧琴完美搭配。

木琴曲奏，動聽悅耳。

色彩耀眼細膩的織布線，靜靜地等待一場溫馨織布秀。

桌巾以苧麻線編織而成，質感縝密扎實。

樂樂喜歡巴著沙發玩耍，一刻也閒不下來。

樂樂就是喜歡東嗅西聞，看得蜂爸蜂媽欲言又止。

趣味意境的壁畫構思，太魯閣勇士力拔山河的雄偉態勢。

以山海元素構築民宿門面，如同走進園藝會所。

漂流木美化植栽，生氣盎然。

夢境海景的民宿新天地

蕥夢表示，開民宿後才知，原來相關法令繁瑣，沒想像中簡單，既然踏入這門領域，就決心要做好。我們結合雙邊連結，主打觀光的訴求，既有市區風貌的民宿，也另有自然海景的露宿區可供選擇。

靠自我力量捻成線，最珍貴體悟

崇德海邊新天地，是一處可以露營，住室內房，結合烤肉趴、風味餐的活動場域。蕥夢一邊採著薏苡一邊說道：「我要在這裡種很多的作物，做復育和留種的工作，把族人生活智識流傳下去，讓造訪的朋友體驗太魯閣衣食文化的豐富性，像這種有原住民寶石，植物界琉璃美稱的薏苡，粒粒閃著光澤，用在穿搭戴飾品最是貼切了。」

採、剝、刮，是苧麻製線的主要程序，自己種，自己採苧麻，靠自我力量捻成線，才是珍貴的體悟。購買現成的苧麻線編織成布，過程缺少踏實感，兩造成品的實質意義，大相逕庭。

蕥夢笑言：「將來把親手做的織布，送給女兒當嫁妝，那種代代相傳的心境，才是我最想感受的真意呀。」

「未來我不想從事專職教學，只希望將苧麻織布做為生活的一部分，對這片土地，我存有很深的情感，必須呵護它孕育的一切生命。」蕥夢說出她內心的想法。

在崇德村，蕥夢想專攻苧麻種植這一塊，看以後可不可以給年輕人創造就業機會。崇德海濱，是適合從事露營與划獨木舟的環境，讓這裡成為全新的休憩園，提供採收和現做手工藝品，是一處前景可期的地方。

看顧苧麻田，薙夢深耕心願，指日可期。

直逼人高的苧麻，蓬勃長成。

協力採擷大地滋養的薏苡結實。

養蜂也驅蜂

蜂爸為養蜂達人（所以才有這親切的綽號啊），也是務農高手，蜂媽直誇讚說他是會蓋房子的開心農夫。

現採薏苡，呈現瑩亮光澤。

蜂爸的蜜蜂子弟兵，勤奮不懈地忙著做工。

「蜜蜂天敵，是兇猛無比的虎頭蜂，傳言獵人在山中生活天不怕地不怕，什麼迎面而來的蛇熊豬豹，蟲蟻漫爬的雄兵，都可正面迎戰，唯獨遇見虎頭蜂大軍，就只有選擇閃逃，是獵人唯一降服的天敵。」蜂爸直言而論。

秋季來臨，虎頭蜂特別活躍，見到蜜蜂就大肆摧殘毀殺，為求留得蜜蜂在，蜂爸也只能「以網對決」，將捉到的虎頭蜂泡酒，日後滋補，或用以製作虎頭蜂項鍊，據說泛泰雅族傳統信仰，虎頭蜂項鍊有驅除惡靈或避邪的作用，但串作項鍊的程序精細費工。

找尋土地與族人的連結

「我們在此搭造傳統屋，提供室內住宿，甚至規劃在屋頂設立一個瞭望臺，供民眾看日升日落。我們有爬藤綠化的想法，但不用太過強烈的人工顏色去干擾環境，讓它保有大自然原貌感覺。」蜂媽說。

蜂媽小時候跟著家人，種田種到怕，從臺北回到花蓮，一度不想再到田裡，但蜂爸對她的影響力真的很大，從不會到會，而且，不斷去摸索更有效率的方法。

「老公簡直比我還像部落裡的人，他的生活就是一定得回農地種作物，喜愛農忙帶來的滿足感，我跟著他幫忙，彷彿回到小時候的田園記憶。」蜂媽說到蜂爸，臉上滿滿地肯定的神情。

「現在能在田中工作，真是一種享受，讓我看到土地上有很多潛能發展，每天都有學不完的東西。」她站立在崇德海灣田地，說起話來，滿是愜意映在臉龐。

崇德觀海，視野遼闊

貼近自然，始終如一的心靈思維

「我年輕時曾經花十五天，一個人騎腳踏車環島，晚上住民宿，白天和環境對話，我就是一個愛旅行的人。」蕥夢說：「從都市要去郊外，還舟車勞頓的轉車，不禁讓我覺得自己的故鄉有山有水，為什麼我今天連親近大自然卻要如此麻煩。」

在臺北從事行銷工作十年，蕥夢順著心靈成長，探討自己究竟來自何方，心裡頭忽然有個聲音：「我想回家」，於是就回來花蓮。

「祖先從秀林梅園來到崇德社區，要去『太陽升起的部落』，我想用此意向，重新給自己一個定位，一種自然的感覺，讓我從這裡慢慢找回該認識與該做的事。」蕥夢說。

崇德海灣，有我們最難忘的時光。

隨興席地坐下，蜂爸話匣子細說從前。

看海背影，情意綿長。

做民宿是用來收集滿滿的感動

花蓮的海藍，有一種神秘魅力，某個角度，它撩撥人們亮眼晶瑩，轉個腳步，它又是一抹深邃的回眸光采。

「那時我和老公來海邊拍結婚照，穿著婚紗玩海水，笑得最是自然，我倆都懷著赤子心，自然而然的感受海風。」蜂媽說。

昂首望向海岸山脈的巍峨聳天之姿，再將視線平移延伸海平面，我們痴痴地站在沙灘，頓時覺得天地間的自己更加微渺了。

回程，蜂爸蜂媽開車送我到市區搭車，車窗望外疾行，覺得快樂因子有時離自己好遠好遠，但其實常常也近得可以，甚至如影隨形，只是我們都不知道，不易察覺。

看著蜂爸買來一箱頗受他們青睞，送給我過中秋的鶴岡文旦，心靈旋即備感溫馨，我也想起蜂媽臉書說的一段感言：「有時候覺得，做民宿是來交朋友，和收集滿滿的感動。」

大自然給的拍攝角度，倆大無猜。

info

兒路民宿

地址：花蓮縣吉安鄉中山路三段 21 號

電話：0916887010 0930887010

馬桶真的有魚，兼具環保概念的鄉味旅宿

「馬桶有魚」並非賣弄什麼噱頭，而是真的把金魚養在馬桶透明水箱，讓遊客賞魚之餘，進而養成省水習慣。

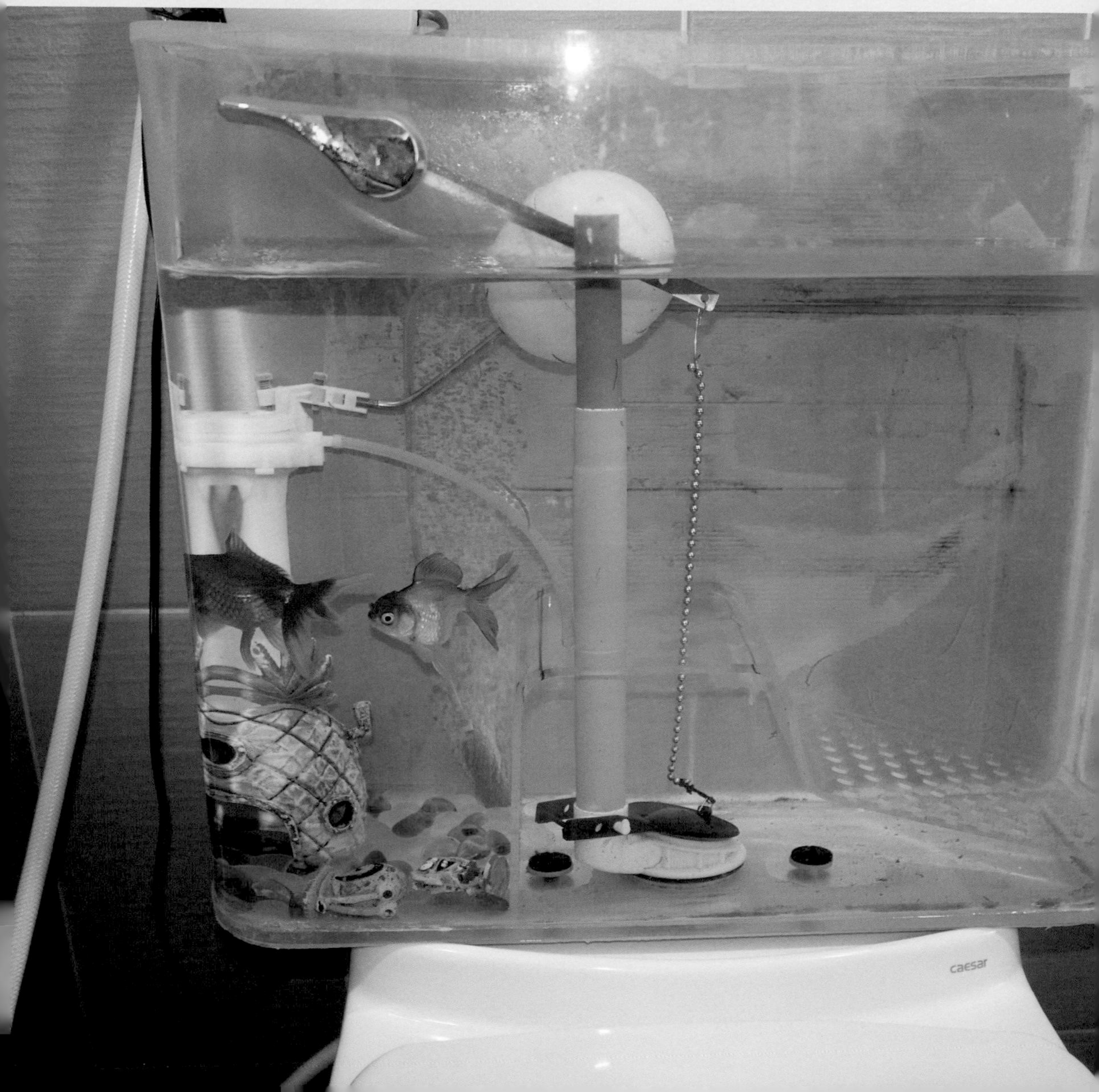

住過的人才曉得，臺東市郊的「馬桶有魚」民宿的廁所馬桶，果真不是只有蓋的，如廁時自我解嘲，與「金魚做伴」別有風趣，抒壓之際還兼長知識。

一般人常聽過「杯底不可養金魚」這句諺語，它亦是一首臺語會意歌曲，那…那…那…倘若把魚養在馬桶水箱裡，行不行得通呢？前因後果又是怎麼回事啊？

透亮如琉璃的馬桶水缸

民宿冠以古靈精怪的別稱，充滿好奇與新鮮感，我入內看見乾淨的環境與設施，有質感的居住空間，客人回流率高，緣由可想而知。

晏菘和思穎這對情侶檔，靠一點一滴的親為付出，塑造別類宿居，已獲得來自各地入住朋友的認同，網上回應，亦是佳評不斷。

專利設計為省水節量精心打造

人們一定會有疑惑，因為出水引洩下，急速流動，那麼不是就把水箱裡的金魚一併給沖走了嗎？

其實不然，只因中型魚體有一定的溯游活動力，會抵抗水流漩渦，「不致一去不復返」。晏菘表示，特殊的引流設計，會把剩餘的魚飼料和排泄物沖走，不用擔心水質惡化，需定期洗滌等問題，而且這些用水都經過「除氯」程序，金魚才能無憂無「氯」適應存活。

獨特的馬桶水箱「放養金魚」的創新感，還有一項關鍵的附加價值，就是省水。

一般遊客進到衛浴間，多半好奇的東盯西瞧，會有金魚會隨時逐流而去的疑惑，但只要有心節省水源，用水量都可以控制，不像市面上有些馬桶水閥開關一壓，往往整缸水量一湧而下。

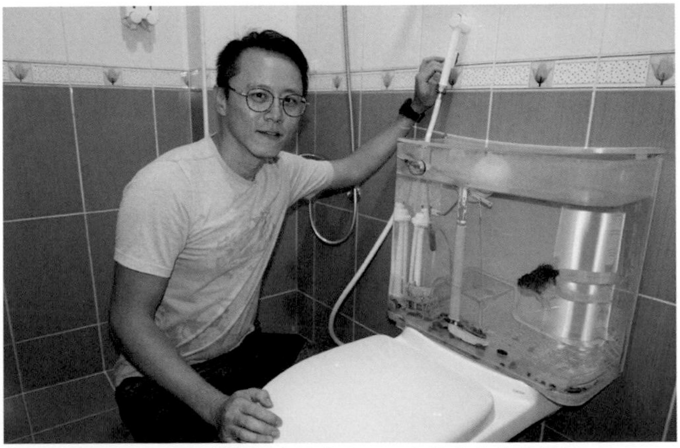

晏菘一家設計的特殊水箱已申請專利，入宿的客人往往好奇。

晏菘細心地詳述示範，馬桶水閥的設計完全以手壓制量，看著用水量已足夠將馬桶沖洗乾淨後，目測魚即將面臨沒水的窘境，就會自動停止壓閥，不致讓魚產生竄游掙扎現象，水缸慢慢充足水後，金魚若無其事地安好如初。

民宿外觀頗居家，晏菘與思穎的好點子都在屋內等您來探索。

馬桶白皙透亮，搭賞透明壓克力水箱整體組合潔淨悅目。

顛覆硬梆梆又冷感的馬桶印象

人一挨近，金魚也上浮，一副要討東西吃似的模樣。「牠們都住得算『習慣』嗎？」已對養魚記憶模糊不清的我，提問好奇。

正因養魚養出心得似的，晏菘很有感地比劃說道：「就如一般的金魚都不怕人啊，我民宿裡每一間客房的衛浴間，金魚已悠然地生活四、五年了，滿多的民宿朋友，同表讚賞如此省水觀點。」

民宿開業以來，小朋友往往為了觀賞金魚，就不停地往廁所跑，倒不是因為尿急……若有餵魚需求，民宿有提供飼料，童心嘛，觀魚動念轉而飼之，誰不是這樣長大的呢？

顛覆硬梆梆又冷感的馬桶印象，透明壓克力材質的水箱，任魚兒悠游其中，藉由親子間的解說，的確讓浴室多了趣味，話匣子一開，就富有鮮奇感。

思穎和晏菘回想，曾有客人把夜市撈到的小金魚放進民宿馬桶水箱，這可讓他們倆哭笑不得，因為太小的金魚，體積會抵擋不住水流的下吸力，必定會被沖走，因此不建議入住的朋友把其他的金魚帶進來。

執著於心的事，有時候會感染志同道合的業者。晏菘微笑表示：「曾有位加拿大籍的黛安娜女士入住，因為她本身也是經營民宿，對馬桶有魚沖水設計也極為認同，她還說，『會把這樣的想法帶回去參考。』」

富含旅人心情沉澱的塗鴉牆

「樓梯旁的塗鴉牆，字字留白盡情突顯，是具備什麼特殊的故事留言而設立的嗎？」

經我一問，晏菘和思穎有默契的相視，接著莞爾一笑。

「就是給客人搞怪的啦，如果入住當下有特別的感觸，把心裡話用寫用畫的表達，我們會很樂意回應，做為參考學習指標，對於客人的好評，我倆也會銘記在心。」思穎解釋，這些留言細細數來都滿有意思的，也富含旅人的心情沉澱。

迎賓大廳的角落，一把吉他豎放著，熱衷音樂的遊子總會在入睡前，以韻動的指頭，撩撥眾人心緒高歌，令人沉醉。

低耗能的燈具，彷彿讓民宿氛圍，縈繞著愛鄉愛土地的任真和品調，我雖沒能共襄片刻盛舉，想來必有幾許浪漫的FU，如坐著鞦韆，迎風擺盪翩然入夢的愜意。

「舒適、乾淨、服務至上，才是我的民宿所標榜的理念。」晏菘說，當知道客人在民宿經營調查滿意度，給予「馬桶有魚」高評價，就是一種肯定力量，督促他們要謙和，更努力做好每一個細節。

室內採光得宜，單純素雅簡潔，放鬆心境的平實民宿如是這般。

燈飾純然不花俏，靜靜地散發它該有的一束純粹光采。

直白線條勾勒著主題，牆上文宣倒也跟著幽默一下。

思穎閒來插畫一筆，很多的想法，其實都能和友人融合交流。

談心也彈興，醉心吉他的魅音，就和男女主人一同交流音符旋律。

聊心情話心事，民宿石頭物語，猶如有往事欲傾訴似的。

cute 版擺飾，叫人會心一笑。

手繪 V.S 印刷，歡喜就好，愛看哪就瞧瞧，反正玩心不變。

全家力行環保風潮

「一般陶瓷結構的馬桶水缸，裂開後往往不易修復了，因此我爸爸設計了這款壓克力材質的沖水箱，兼具節水環保概念。」晏菘憶述，當初想把魚放養在浴室的念頭，是結合家人集思討論而來，做著做著就越有心得，覺得善意創業才是生活重心。

原本從事腳踏車產品市場開發的晏菘，日後跟隨爸媽理念開設民宿，這間房舍內在形貌格局，融合了他們一家子的特徵。

爸爸教機械工程，因而不忘設計省水兼具美觀的沖水箱。媽媽教國文，所以廳堂不忘擺上黑板（留言兼插圖的畫板），給客人自由發揮塗鴉。晏菘與思穎打理有成，目前也研擬手工皂與衛浴清潔品項，希望能更貼近環保指標。

塗鴉牆和留言板，是宣洩喜怒哀樂的日常一隅。

曾與自行車行銷有緣的晏菘，把車款藝術也納進民宿布置。

反轉固舊衛浴的刻板印象

「民宿的目標，著重寓教於樂，是以環保的思維長遠規劃。未來我們會把重點擺在垃圾分類，將篩檢過程做得更細，嚴謹把關，計畫將每日廚餘做成肥料。」思穎很有見解地解說，讓我樂見此舉被人起而效尤，必然深入遊人心中。

開在臺東市郊不起眼巷弄間，卻很有想像創造力的點子，的確教入住的旅客，腦海湧現藝術化馬桶水箱，當然晏菘和思穎的行動力，反轉固舊衛浴所展現的睿智，會是客人一大停佇的印象。

「馬桶有魚？真是這樣嗎？」電話那頭，客人的好奇心，似乎將與漫漫而游的金魚，千里結緣。

兩人想法，把民宿變活潑變漂亮，除愛情力量，還有心靈默契呦。

來臺東玩，晏菘推薦的口袋名單，可說是一籮筐呢。

旅客的滿意度，果真馬桶不是蓋的，因為還包括善心經營而來。

談吐和藹自然的思穎，經營哲學很有遠景和深度。

樓梯間隨坐閒話家常，兩人營造的民宿天地，別有特色。

小巧裝置藝術品，無須主題性的聚在一塊，隨興即可。

info

馬桶有魚民宿

地址：臺東市文山路 38 巷 7 號
電話：0977215351

醞釀旅人期盼的旅行溫度，抒放疲憊身心

移居花蓮，鍾愛經營民宿的嘉妤，經常打趣地說，如果她不在民宿，就是在帶領民宿客人，前往花蓮某景點的路上。

嘉妤和花蓮的今生，到底是有緣的交織軸線，讓她沉溺在山海美景之中，她想每一天，都精采踏實得過，輕鬆寫意開啟眼眸視窗，迎收自然的美與真。

淡江大學國貿系畢業，沒有選擇考公職，或到企業體系工作，而是停不下腳步四處遊山玩水，如果喜歡行旅各地媚麗風光，問她，準沒錯，而她推介花蓮旅食玩賞人情，知性兼感性的遊程，行來輕鬆入門又盡興。

嘉妤會和後山緣牽，是一次與外國朋友來花東遊玩，她覺得參訪所在具自然與人文融合深度，可以和世界級的綺麗景觀，相互比擬旅感價值，因而加深她寄情山水的想望，頻頻地和花蓮對話接觸。

於是乎，甘願被東部的泥土黏住，創造如法國香樹大道上的浪漫驛站，著眼讓民宿成為旅途安定的家園，嘉妤對每一位旅客殷勤接待付出，努力地醞釀遊人期盼的旅行溫度，抒放身心靈，享受花蓮旅點詩采般的無限魅力。

民宿用心的質感與內涵

「以前去石垣島旅遊，入住再普通不過的民宿，但我覺得那裡和一般的青旅不一樣，兩個歐吉桑安排行程，用真切的態度照顧每一位旅客，讓人身在異鄉，也很有受尊重的感覺。」

開民宿以來，嘉妤用愛鄉持家的執念，照顧入住的朋友。幫忙訂火車票，推薦東部美麗景致，彼此愉快自在的聊天慢晃，介紹當地人才熟悉的秘境，甚至自己坐上駕駛座，以開車導覽的服務，帶領投宿的旅客飽覽詩境山水，展現臺灣濃厚的人情味。

嘉妤姐妹三人，喜用有獎徵答方式，和客人互動，答案中涵蓋的花蓮勝地，深具知名度，易達性高，而這些景點都美美地呈現在民宿贈予的明信片中，讓人極欲前往。

嘉妤（左）嘉芸（中）和嘉庭三姐妹，靠細膩觀點發現花蓮。

入住欐舍，感受主人貼心打理。

鳥兒元素，冀盼將原野的自然氣息帶入屋內，點綴一股清新。

嘉妤（左）嘉芸的日常，在民宿妝點家居的幸福感。

櫥窗擺飾溫馨典雅，旅懷之情油然而生。

語文翻譯的地圖摺頁，訴說花蓮豐沛的地景人文。

旅行途中蒐集紀念物，是嘉妤分享心得之媒介。

踩著節奏擁覽山川好景

我們的服務理念和行動力不會輸給別人，用驅車帶路代步的熱誠，讓旅人玩來更加盡興。

尋訪咖啡達人，不怕被虎頭蜂螫的秘密

嘉好當導遊，一如往常地把她去過的好店家推薦給我認識，有她開車帶路，我頗感榮幸。

去馬太鞍咖啡園的沿途，山水如畫，清新盎然因子飄浮在空氣，綿密地觸撫鼻息，我肩上重重的擔子，頓時被田野溫和的手感，輕輕卸了下來。

八十一年起，花七、八年時間，研究種植肯亞熱帶雨林野生的品種，如今有了收穫，咖啡自種自烘焙，拿捏準度全靠磨來的經驗，連發大哥很有節奏靈感，突想「播放歐洲咖啡情歌，來點柔和調性。」他慢條斯理地按下開關。

「自沖自泡比較安心，純正天然咖啡香，一般進門來才聞得到。」他強調市面店家所賣的咖啡，大都放入化學香精，喝了只會增加身體負擔。

「喝到好咖啡可以降尿酸，過度深焙會產生二氧化碳成分的毒素，會損害肝臟。火山灰土壤種的咖啡好喝，冷、熱咖啡醇香獨走，各有不同的韻味……」奉咖啡為老本行的連發大哥，還不忘邊沖邊自詡說道：「我不怕被虎頭蜂螫，因為常喝咖啡，能讓身體產生鹼性體質。」

嘉好與我接受連發大哥的推薦，喝著光復村子巷弄的濃醇好滋味，慢調摩梭時光。

斟一杯暖到心坎的對味口感，令人頃刻迷戀。

光復村舍，看見樸實農場的平易近人。

「我就是喜歡喝現磨的咖啡，味道有更上一層樓的美好香醇。」對咖啡一向有堅持品味的嘉妤，道出恰到滿意的喜悅之情。

細膩聽著咖啡達人分享，嘉妤表示有空想來這裡聽講，上門烘焙和手工沖泡的課程，會是多麼有趣。

「我不想要賺大錢，日子愜意就好，只要你介紹的朋友找到我家，我就免費請喝咖啡。」連發大哥笑得燦爛。

帶著滿身的咖啡香，道謝離開，嘉妤帶著我繼續往鳳林韓老爹的誠信商店前進。

連發大哥的咖啡「講座」，非常居家而純真。

尚未成熟的咖啡豆，青澀外表倒有另番風姿。

置身園地，嘉妤熱愛土地的豐富洗禮。

用眼神，收割沿途美景

太平洋高壓籠罩，豔陽炙曬，斜影不時或短或長的迆邐在鄉間道上。

坐落鳳林中和路的誠信商店，更貼切的形容，它是一處補充體力的零嘴驛站啊。

各式麻花捲、兩相好、茶葉蛋、饅頭，必須DIY自取包裝，自算價格誠實地付款投錢，全憑客人的良心做「交陪」。放眼四周無鄰相伴，這家小店已然「經營」數十年，日夜晨昏伴著冷暖節氣，屹立不搖實屬不易。

不過，也多虧韓老爹的耐心與遊客的誠心，保持鄉間的真摯旅情味，遊興才會滿滿加分，小本買賣卻隱含處世之道，來去的人車不約而同地激賞比讚。

日頭持續毒辣發威，投了應付金額帶著麻花捲，我們只得快速閃避，找尋蔭涼處歇息。

直覺，帶我們來到初英親水公園坐著休息，是個不錯的消暑所在，泡泡清涼的清澈流水，讓腳丫放鬆降溫，沁透一夏。

一旁的吉安大水圳，通透明淨的泉源嘩嘩作勢，川流不息，如在耳邊囈語夏豔的組曲。

「啊哈！有人直接涉入溝渠漫步了。」我瞧見沁涼暢快的家族戲水玩樂，毫不做作的刻畫盛夏的淋漓影子，這幕，好似寫生佳材。

投幣孔，無形拉近了人與人間的信任和寬心。

到訪誠信商店，自包裝自付款，衍生「自我檢視」的體驗。

兩相好炸得金黃香酥，放在櫥窗內供人自行夾取裝袋。

玩累餓了，到鳳林車站前店家，可以一嚐木片便當好滋味。

麻花捲是誠信商店主打品，解饞一下，饒富旅途小確幸。

吉安大圳所經風光明媚，水流滂滂。

初英親水公園的溝渠，沁涼得很，犒賞一下勞苦功高的腳丫子吧。

旅途隨遇的朋友，往往成為人生旅途知己

隨處的走晃，要嘛自在，要嘛灑脫，「賞」和「聆」，交織花蓮每一段美好出行，並在心中銘記。花蓮孕育的人文生活樣貌，容易讓人滿心歡喜的收穫感動。

吉安大圳水花奔騰，好有消暑恢弘氣勢。

「我曾在東京遇見一位法國人，她是一個獨立生活的上班族，我們一起旅行，互相扶持。她來臺灣時，我就當導遊，帶她認識臺灣，等我去法國郊區，她就陪我四處欣賞鄉情，發現驚喜。」嘉妤接著說：「藉著走訪海外，我認識多位日本朋友，她們知道我經營民宿，常會一起邀約來臺灣旅行，給我打氣和鼓勵。」

旅途隨遇的朋友，有時就無所期待的有了相識連結，嘉妤喜愛如此志同道合伙伴，於彼處於此地，相互照應的交情。

讓旅人流連忘返的氛圍

「大阪燒、中秋烤肉、除夕圍爐、玩桌遊，順應日常的居家歡樂與溫馨感，逢年過節，客人依然可以在民宿盡情享受過節氛圍。」只不過有時真的晚起，可能耽誤接下行程，嘉妤說她都會貼心提醒他們起床。

「我印象有一行八人的陸客團，退房叫了兩輛計程車要去火車站，誰知偏偏就將火車票忘在民宿，我只好充當救火隊，快車飛奔一路趕到市區，票送到他們手中，我卻沒了那種助人的快樂感，反而內心直嘀咕，會不會因此接到罰單呀？」嘉妤適時地幽默，著實給人親近隨和的印象。

為更進一步了解遊客入住的感受，身為主人的嘉妤，都會參考部落格留言，聽見所有建議與鼓勵的話語，化作姊妹三人平日對旅客的窩心與動力。

花蓮的樣子，要放慢腳步去品味

嘉妤依照客人年齡層，彼此的關係來安排旅點。沒來過花蓮的朋友，會帶他們參觀花蓮自然與人文景觀，如果已是熟客，則會安排比較偏秘境的行程，體會一下不同的氛圍。

「有一位馬來西亞的遊客向我建議，希望能夠安排行程，拜訪花蓮農民。目前我偶爾會帶客人去採果，將來結合農庄的行旅，必定是我的規劃想法。」嘉妤的話語中，可以想見她寄盼願景的美好。

戶外走幾步，就是田園的農庄行程，想必會讓都市人趨之若鶩，我話鋒一轉，問：「民宿有許多鳥兒飾品的擺設，是否其來有自？」

嘉妤回說：「因為我想營造一種鄉村慢調的感覺啊，好似鳥兒在田野悠哉過日，讓客人多一分想像的喜感呀！」

「另外，我頗在意的環節，就是幫客人訂好車票，將他們的需求做最合適安排，不匆不忙，把每個細節的時間點銜接好。」嘉妤表示：「好山好水的白天，如果還玩得不夠盡興，晚上，我可以領著一行人騎腳踏車夜遊鯉魚潭，或是到向陽山，喝個痛快咖啡看夜景呢。」

聽聞所敘，讓我看到一位民宿主人用不完的好點子，滿心跟著年輕起來。

他山之石，化身調和民宿裝潢元素

德法交界的九宮格地圖、英國國旗地毯、沙發枕、藝術吊燈、大時鐘……林林總總，我注視有歷史背景的戰利品，它們都是「緣」自於嘉妤的訪遊而來。

「我以前求學寒暑假，總會注意廉價航空，平日我靠打工存錢，就可以實現到世界各地旅行的夢想。我一向喜愛一個人自助旅行，現在全世界我已走過二十餘個國家。」嘉妤娓娓道來她如何將到世界各國的所見所聞用在她的民宿的裝潢設計。

「法式鄉村風」、「英式情緣風」、「美式普普風」、「海洋之心風」是民宿四間房型的格調。嘉妤說在裝潢初期，光是配電問題，就花了將近半年的時間才就緒。

Elysee's，是源自於法國香榭麗舍一詞的浪漫，法文詞意，是指在田野間的小房子，因為民宿旁就有農田視野，從遠處望向民宿往往很有親和鄉間風。

以搭襯環境加以命名，頗是貼切，嘉妤用心起了漣漪效應，吸引許多法國朋友的注意。

「我甚至會跟法國朋友聊起，當初獨自一人在法國旅行的『視界』，把這些感想整合起來，做為標榜法式鄉村，歐式風格的內涵元素。」嘉妤闡述了她的設計初衷。

德法交界的大地圖，我好奇嘉妤當初是怎麼「扛」回來的呀？

「海洋之心」充滿海味元素，激發海浪激盪的呼喚。

「英式情緣」浪漫高雅的入宿格調，頗能消除行旅疲憊。

「法式鄉村」房型含蓄優雅，靜靜讓人體會它的雅致。

英國國旗圖樣的地毯，醒目端莊。

交流語言，讓旅程憑添喜樂奇趣

「釜山青旅的經歷，我發現他們把周遭的行程景點，彙整印製成一本書籍，讓旅客有實際的依據和參考。」嘉妤認為，自遊濟州島，可以在短時間融入當地文化，依靠的是當地人重視基礎會話的傳授。

她計畫未來要蒐集花東在地的生活簡單用語詞彙，不論是英翻中、日翻中，以二十句簡單易懂易學的會話，教會外國人認識中文，融入日常應對。

「給一張A4紙大小，尋著簡單符號，讓老外能夠愜意地悠遊花蓮山海。」嘉妤口中的藍圖，似有初步執行的輪廓了。

愛上花蓮這塊土地

「爸爸原本建議民宿開在九份，但我們還是對花蓮美境，擁有似曾相識的愛戀……來了，就定下留佇的心願。」嘉妤回憶起當初尋覓民宿地點的過往。

沒開民宿前，嘉妤在其他民宿工作過三、四個月，學習該有的知識和經驗，看來，她早胸有成竹地選定方向。

未來希望租下一塊農地，種些蔬菜瓜果，加在早餐食材裡頭，吃出健康，以及吃出對環境的認同心，而對這片土地的滿滿眷戀，是「欐舍」自許的遠景。

俏皮的調色盤，隨節令抽換花蓮大地衣裳，嘉妤一年四季，帶領訪客體驗不同觸感的水雲山澗，一回生二回熟的，旨在豐富旅人冀盼的視野。

廳堂的書櫃別緻相稱，坐著文青一下，教人徹底放鬆。

欐舍藝術標幟，有著耐人尋味涵義。

以竹節搭建的天花板，有調節室內溫度的設計遠見。

巴黎鐵塔模型，是嘉妤典藏的美好記憶。

窗前剪影，勾勒往日采風問俗的點滴。

info

Elysee' s 欐舍

地址：花蓮縣吉安鄉南海六街 309 巷 6 號

電話：0973070536

交通：由花蓮市區循臺 11 線，往知卡宣森林公園方向抵達。

馬太鞍咖啡莊園

地址：花蓮縣光復鄉敦原路 159 巷 2 號

電話：0938063685

交通：循臺九線往光復方向抵達光復。

誠信商店

地址：花蓮縣鳳林鎮中和路 61 號

交通：循臺九線往鳳林方向抵達。

初英親水公園

地址：花蓮縣吉安鄉南華五街與山下路附近

交通：由花蓮臺九線接臺九丙線，至南華五街進入。

寄張明信片給朋友或給自己，然後發現旅行原來這麼 FUN。

不是公主也能一圓「公主夢」的浪漫民宿

來臺東賞遊，如果想做一個備受禮遇的公主，享受尊貴的品味格調，或許可以考慮選擇下榻公主民宿。

「民宿彩妝用色大膽，不受拘泥，有些男遊客入住，進門張望就會半開玩笑地打趣說，房間渲染大量粉紅色，會不會睡醒之後，都變成女生？」聽聞安琪拉噗嗤笑言，詼諧字句的直白，引我好奇，莫非民宿裡有什麼耐人尋味的秘密或噱頭？

好夢相隨的幸福旅宿

原本專職商業空間設計的安琪拉，巧築一處典雅夢境，讓來這裡的旅人們，有王子公主般的幸福感受，進而也讓自己的小朋友當個小公主或小王子，一家子入夢忘情一下，倒也幫旅途添加幾分趣味感。

溫馨加上唯美浪漫宮廷風，又帶有巴洛克風格，「安琪拉公主民宿」的韻味，好叫人迷眩。喜歡水晶燈的安琪拉，把變幻多樣燈具掛在各個角落，閃閃熠熠。

安琪拉公主房（粉紅），托斯卡尼房（綠的溫和），安娜蘇公主房（放肆的紫），宮廷洛可可房（暖褐），峇里巴里房（樸實鄉村風，石板地造型獨特），一景一物暈染光采，串連成你我視線魅力。

「一開始只是幫忙朋友妝點室內空間，後來認為自己既有這項專長，可以嘗試開民宿。希望入住感受的溫存溫暖，讓房客留下高價值的旅感品味。」安琪拉的話，有一分深耕在地情懷的眷戀，聽來備感舒心悅耳。

「英倫小鎮」是安琪拉經營的另一間美宿。格局偏陽剛、叛逆的工業風，採用大量紅色系點綴，頗適合家族、團體成員，以及企業員工旅遊入住選擇，附帶烤肉唱歌等餘興節目。拎著房卡鑰匙總有幾分期待，英倫爵士房，旋轉木馬房，雷朵兒房，小公主房，貝兒絲房，南法小鎮房，任君選擇，聚攏大眾旅歐情愫，浮上心懷。

儘管虛擬情境，卻有一分暢遊歐式旅風的確幸感。

安琪拉喜歡熊布偶當擺物，天真玩賞的癡愛寵抱，流露隨和性情。

熊熊與羊羊，期待與客人入門邂逅的喜感。

歐風用餐坊，格局純淨不失優雅。

大廳視線，形影不離熊的萌模樣，是安琪拉獨特的紓壓想法。

下榻目光所及，是複合浪漫情懷的公主度假風。

給自己一個圓夢的機會

「一開始媽媽非常反對我開民宿，認為所在地鳥不生蛋，況且民宿競爭激烈，根本吃力不討好。但既然有想法藍圖，我何不給自己磨練的機會呢？因此開始慢慢摸索，去試吃各餐廳甜點店，學做早餐，用熱忱的態度接待客人……」安琪拉的這段話顯現出她的個性，起而力行，讓人感受她不是足不出戶，只會想想而已的溫室公主。

笑容是必給客人的見面禮

「庭院裡種的花花草草，我也把它們襯托在早餐上，增添幾許食感風味。」安琪拉笑言。

跟著開日式創意料理的弟弟，一起學習技巧，做好基本功，民宿早餐，都是結合在地食材特點，動輒準備二十人份的早餐，她一人就能勝任完成。

聆聽一直將笑容掛在臉上的女主人告白，我頓時有感，民宿這行業就像是個無底洞般，一頭栽進去，就會勞心勞力為理想邁進，且不輕言退卻。

「做民宿以來，客人經常出考題，詢問美食和知名景觀的位置與據點，我一定要具備地理動線概念，才能提供旅客最正確的資訊。」安琪拉說：「我將來想讓入住遊客，體驗變裝的趣味性，讓他們有拍照應景的深刻回憶。我平常喜歡購置藝品裝飾物，不定時更新擺設，改變鋪陳，希望讓回流旅人有驚喜的感受，不要一成不變。」

總是笑顏迎人的安琪拉，竭誠力邀大家來臺東玩賞。

淡綠光彩的托斯卡尼房，走南歐風浪漫情調。

藝術玫瑰花樣吊燈，調和室內光源色溫。

主色調強烈「用奢侈的紫」，沉醉夜色典雅幸福。

宮廷洛可可四人房，予人柔媚高貴感。

峇里鄉村風房型，散發島嶼圖騰的漫舞翩然。

熊玩偶出沒，是民宿慣常的擺飾。

廳堂花藝鋪陳得宜，貴雅氣氛更添入宿質感。

花形塑材掛勾，增加美化元素。

且慢且走，一起來臺東 Long Stay

安琪拉說：「我樂於和客人聊天，交流旅遊資訊，我帶朋友走訪景點，吃美食，他們教我見識臺灣各鄉人文景物，深度旅遊的觀點。」

悉心建議行程，安琪拉希望遊客在臺東多待個幾天，慢行慢走享受樂趣。

「讓我真心享受，開始蒐集臺東的美，是在搭乘熱汽球自由行所感悟的。」近年來旅遊行腳結合體驗部落文化和各項主題之旅，安琪拉領著朋友一同參與，她甚至許下願望：「來日作莊，我要邀約一幫子人，大夥一起來臺東 Long Stay 半個月喔。」

聽來滿不錯的計畫，我暗地期待可以搭上這班專旅。

讓客人品嚐有溫度的餐點

「嚮往去國外充電，觀察他人旅棧的優點，彌補我不足的經驗，為推動觀光實務盡一分力量。」安琪拉說：「如果在國外一旦愛上了某一道菜，我會保留在記憶深處，回來臺東會告訴自己試試看，怎麼樣才可以做得像人家一樣好。」

民宿的初衷，就是一個如家的感覺，安琪拉用愉悅的心情，努力下功夫，讓客人品嚐有溫度的餐點。

「有一對祖孫搭檔令我印象深刻，一位二十來歲的女孩帶著她七十歲餘的阿嬤下榻民宿，閒談過程竟然發現這位阿嬤和我媽媽的人生歷練有著不少契合。比如她們都是開麵店做小本生意，同樣養育六名子女，一路走來拉拔小孩成長的歷程，彼此有說不完的心情故事。」安琪拉說：「因有緣而相聚相識，讓兩位長輩熱情相擁，互道珍重。」

此番珍情，讓我這個從外地來的局外人，動容許久。

相揪發現市區回甘滋味

十月天的午後，陽光依舊炙熱，很適合吃個冰犒賞汗流浹背的自己。聽安琪拉介紹臺東美食的必選名單，我也躍躍欲試。

臺東市廣東路與成功路口這家無名楊桃冰店，開了近六十年。

「小時候就吃過，這家店伴隨我長大，門前兩棵老欉楊桃樹，年復一年開花結果，大小楊桃掛滿樹梢，每當坐上這張咯吱咯吱作響的木椅，就會不禁勾起兒時印象……」從小女孩吃到為人妻的安琪拉，內心深處有滿滿回甘滋味。

按捺不住的開朗性情，安琪拉才吃完菜燕楊桃冰就嚷著：「老闆娘！我們來拍照。」

「我正忙，客人在等呀。」

「就幾秒鐘啦，來喲，看鏡頭笑喔。」安琪拉撒嬌地說。

楊桃乾、梅子、菜燕，混含鹹酸甜的古早味，迴盪舌尖，熟悉感在嘴中融合，著實令人回味無窮。

楊桃花盛放，展露綠葉裡的耀眼姿態。

風味絕佳的楊桃乾，漬浸入味。

嗑冰找尋成長印記，楊桃樹下的老冰店，依然歷久彌新。

天時地利人和的日式手創料理

「中午時分，我常到這用餐，推薦喜愛料理餐坊的朋友，可以一探。」安琪拉說：「慢慢吃，這裡的環境就是搭著時間，讓自己放鬆，把食物徹底地細膩品嚐，才有一番深刻意會。」

來到安琪拉弟弟志勳開的「天地人日式創意料理」（手創料理店），我們點了鮭魚炒飯、燒肉丼、天蒜拉麵，以及日式麻糬。

擺盤精緻，料實味鮮，志勳十餘歲接觸料理，從學徒做起，天地人營造天時、地利、人和般的聚餐氛圍，配合唯美燈光造景，這是逐年累月的鑽研，才能薈萃成不凡的食物美學，時而推陳出新。

姊弟二人各自在市區掙出一片天，熟識的朋友，吃住都不忘找他們安排呀！

日式麻糬，質感軟綿又帶點Q彈，順口不甜膩。

炒飯拉麵組合套餐，精緻美味高人氣。

工業風調性，配佳餚，話隨興，再佐一分臺東人的情投意合。

耕耘故鄉，安琪拉與志勳付出的心意，竭誠流露真情厚愛。

老屋平房的咖啡夢想味道

「我本身喜愛看書，本來這裡要當成倉庫的，但懷有咖啡廳夢想的我，看了兩回，心有所屬，終於第三次，打開天花板，發現有歷史味道的木質屋樑……。」咖啡廳主人小曼回憶說。

小曼想給創作家空間展示的機會，凡是攝影、字畫、春聯，來者不拒。於此即興演出，不設限，不期而遇，不要刻意也不要有目的性，一切是隨興且自然的。

這裡有上了年紀的北歐古董家具，比利時之燈，小曼稱它是鎮店之寶。有人慣常窩上一天，比照員工上下班似的，因為他們就是坐得住呀！

「古樸堅固的結構，歷經風雨肆虐，都動搖不了它，超過六十歲的房子當咖啡廳，味道是一定會有的。」安琪拉說。

小曼快人快語地接話，「當然，我的咖啡也有專屬的香氣瀰漫，是融情煥發的記憶標記喔。」她疼惜藝文展示，鬧中取靜，市區咖啡廳有自己存在的真切感，堅固耐用的透明化吧檯，直白訴說著主人與客人間，彼此沒有隔閡感。

桌椅造景，燈藝術品，挑高神秘小空間，書架和展牆，交替著新舊的歷史痕跡，來臺東住宿的朋友，到小曼的咖啡廳耗個下午，倒是不錯的選擇。

另外，有待客溫度兼文創展演的輕食坊，面對面的談天交流，一種沒有距離的互動，聊什麼夯話題，在地生活衣食住行發展，坐著望向玻璃帷幕窗外，很多內心的嚮往，自然開始萌芽。

在臺東土地，我跟著在地人，眷戀一下午這樣奢侈的確幸。

雅座兼文青洗鍊，窩個下午茶時光，感受臺東人文深度。

亦真亦假的詼諧擺設，貓在置物櫃上的水果箱邊睡著了。

午后、話題、空間、氛圍，融合曼妙摩梭節奏。

安琪拉知己知心，在腦海中沈澱臺東斯土的真善美情緣。

神秘挑高小空間，得憑機運才遇得上不定時展演。

有歷史味道的檜木，撐起繼往迎來的悠適與豐采。

小曼大方隨和，結識安琪拉閒話而坐，用咖啡溫醇交談生活心得。

鎮店之燈，比利時的溫情放送。

造景時而更迭出新，締結詩文美藝。

info

安琪拉公主民宿

地址：臺東市志航路一段 412 巷 17 弄 26 號

電話：0985146066

line：6666angela

http：//angela.ttbnb.tw

英倫小鎮

地址：臺東縣卑南鄉太平路 213-1 號

電話：0911616190 0985146066

►美食資訊：

天地人日式創意料理

地址：臺東市鐵花路 129 號

電話：089-333170

營業時間：11：30 ～ 14：30 ／ 17：30 ～ 00：00

Café Rebecca 小曼咖啡

地址：臺東市中華路一段 376 巷 33 號

電話：089-350108

無名楊桃冰

地址：臺東市廣東路 189 號

電話：089-334991

味道

深切烙印的在地風味

LOVE

融合古早味和人情味的豬圈咖啡

在豬舍裡啜飲手煮香濃咖啡，搭賞窗外時而飄進混雜著飼料原味的陣陣微風，倒是別有一番風味在心頭。

一分咖啡輕食餐點，坐來就有一分悠然況味。

各式複合「味道」，串起過往曾經的故事。

「酸、香、甘、甜、醇，客人喝咖啡，要喝到什麼等級，我們都有明顯的價位區塊，針對臺灣南北客戶需求差異，店裡提供淺烘焙、深烘焙的方式來滿足他們。」志騰哥一雙煮著咖啡的厚實手掌，不停地在吧檯舞動。

有很多朋友表示，咖啡豆等級那麼好，單價卻賣那麼便宜，會不會賺不到營收而虧本啊？但見志騰哥說：「不會，我有的是信心，因為我的生意哲學不是賣商品Logo，而是賣箇中品質。」

我點了杯美式咖啡，加上烤培根厚片土司，坐在豬圈復古式木桌椅區，心想就來「顛覆傳統」一下，有別以往都會區咖啡雅座場景的氛圍，這裡的「氣氛與氣味」，到底會磨合出怎麼樣的意境呢？

荒廢豬舍變身咖啡坊

不管是招牌上的「豬舍咖啡」，還是有人習慣叫的「豬寮咖啡」，反正就是在豬的圈養環境喝咖啡，你沒有聽錯。

我猜想有趣的是，人們當真想像是對香、悶、純、臭、醇、餿的混搭體驗嗎？抑或搞笑成分居多，究竟在坐下後的綜合感覺，又是怎麼解讀呢？

加足動力，讓咖啡屋「起飛」

這座豬舍是朋友祖父所擁有，是志騰哥還沒出生時就蓋好了，算算已超過六十幾年歷史，格外有舊時翦影的樸實風情，其間閒置了三、四十年，屈指算來是間有了年紀的老屋舍。

豬仔從咖啡杯探頭張望的插畫，既萌又可愛。

車友歇腳休憩，喜愛喝杯咖啡充電一下。

豬舍落在八卦山山脈上，界於臺中彰化與雲林南投139縣道的中繼點處，旁鄰朝聖地鳳山寺百年老廟，是醒目的地標所在。

志騰哥和麗君姐看好這裡潛力商機，把客源設定是假日上山運動的單車好手，以及登山健身的一家大小，讓他們在此可以歇息，補充能量。十年下來，咖啡坊成為了眾所青睞的好店家，因為店裡咖啡品質，確實很有水準。

以「朵頌娜」的Logo為咖啡豆註冊，法語有即將起飛的意思，接棒多桑（父親）意味濃厚，為這間小店加持助力，這份來自於志騰哥當時唸國小三年級女兒的發想，再由全家人一起討論而來的店貌風格，挺有故事性。

一星期只在六、日兩天，豬舍咖啡店才會營業，其餘時間若要找閒抬槓，只能到他社頭家中，那裡也有咖啡豆產品，以及沖煮器具可供選購。

保存豬圈味的原始風貌

費心陳設布置，讓人身歷其中，且不失豬舍的「原汁原味」。百來個座位，存在傳統與現代感的區隔，分別受不同偏好的顧客群選擇。

豬舍雖有相當歷史，志騰哥說他當時拿鑽孔機對著砌牆使勁的鑽，竟然還鑽不太下，不時還會卡住，顯見結構之堅固，方能抵擋過往歲月風雨飄搖的摧殘。

雖然早聽不到豬隻摳摳叫聲，但用舊時照片的豬舍背景，還能讓四五零年代古早味隱隱呈現，有農家生活的質樸掠影。

刻意保留圍欄上的豬油脂，加

走過來時路，志騰哥對鄉村的記憶總是綿長而深刻。

志騰與麗君誠摯地歡迎，有朋自遠方來，喝杯不一樣的咖啡吧。

咖啡的韻味芳香，在時光洪流裡愈發沉蘊。

上平日人手好奇觸摸，而顯得光亮滑潤，讓遊客有一點想像空間。地板上的豬腳印，一步一步地引人走入座位，也充滿可愛的設計Fu。

都市人最常問志騰哥的一句玩笑話，是「為什麼沒有想養豬？」當然這是突兀的說詞，聽來令他是又好氣又好笑，畢竟又要照顧人，又要餵豬，對他而言應該有忙不過來的「額外負擔」吧！

熟悉的庄下味讓人相邀作伴，細品悠哉。

復古桌椅附加照片，再用諧音告訴您這裡的確是豬寮所在。

小豬公仔，提醒您拿張名片，抽空再度光臨喲。

為一杯咖啡溫度向前行

有人說，豬舍咖啡之所以熱銷，也許是搭著周遭鳳梨酥業者熱絡人潮的行旅動線，間接沾光，但對自家產品有信心的志騰哥，並不這麼認為。

他覺得，店風裝飾不走富麗堂皇，自營咖啡有好的經營理念和品質，才是顧客回流，一再上門的最大因素，朋友會口耳相傳，介紹給更多的好朋友知道。

有登山的老朋友就說：「因為要喝這杯豬舍咖啡，我才告訴自己一定非得爬上來不可呀！」從臺中彰化一帶騎車上山的朋友，目的地若是日月潭，中途行經這裡，總要給身心一點調劑和舒緩，豬舍咖啡恰是一處補充能量的驛站，讓人更有續航力前行，飽覽美景鍛鍊體能。

對味的咖啡，對位的逍遙情

「在我的印象中，小時候，走進住家後方的養豬場，內部是如地窖般的昏暗、悶濕，混搭著此起彼落的吵雜聲，現在坐著品味，讓腦海記憶飛蕩時空，兩相對照，內心反而多了『沉醉其境』的歡喜。」志騰哥說：「對味的咖啡才重要，好喝品質贏過很多包裝華麗面向，好喝就會有記憶，有感情在，自然會覺得這杯咖啡的醞釀與眾不同。」

庄下放鬆，沒有壓迫感，志騰哥了解常常騎車來休息的老主顧，喜愛「到陣」熱鬧，邀集朋友作伙來「開港」（閒聊），喝到有價值的咖啡的那份逍遙，就是咖啡坊營業追求的目標。

「豬舍咖啡，好務實的生意理念啊，在郊外，還是秉持實實在在的敬業態度，中肯待人。」頓時我口中咖啡，品來更有韻味，傳遞精粹香醇的不凡。

跟著逗趣圖繪，穿梭豬巷舍弄找記憶。

是的，有緣相聚，就坐下來好好品味它吧。

就愛研磨沖泡的味道

志騰哥描述他獨特的生意觀，同時一一把進口咖啡豆袋掛在牆上，傳遞咖啡屋一副應景而生的氛圍。

各類的花卉植栽，圍繞著豬舍點綴，開滿朵朵繽紛的五顏六色。在我看來，豬寮裡不只單純的飄浮咖啡豆的魔力，還把馥郁的花香也融合催化了，在豬舍喝咖啡，已然衍生諸多我前所未知的錯落景緻呢。

歇腳與交流的最佳地點

包裝拆封，各國咖啡豆面紗裡的風情洋溢，頃刻縈繞庄下。

專注手沖，志騰哥一邊抒發心語：「我不希望，也不傾向給大團體包場，那會一下子就把其他人隨興的自由感都占據了。我反而盼望，三五好友，不定時相約假日，前來喝咖啡時都有位子，這樣的客源回流率反而穩定，老朋友深切的交情，因而彌足珍貴。」

我觀察出基層樸實的農村步調，搭配品牌價值的各國進口咖啡，巧妙地讓這裡成為歇腳與會友交流的好地點。

每逢假期，腳踏車族是清晨的訪客，到了中午，則是重機族的聚會時刻，加上是茶道、教會祈福和踏青聚集的等待點，將這處由咖啡、餐飲、鳳梨市集、寺廟祈福等蔚然成形的小商圈，烘托得熱熱鬧鬧，喧騰活絡。

自家產品講究對顧客的貼心服務和永續經營，夫妻倆買賣哲學，數年來如一日。

換個角度坐看，豬舍咖啡的另類風情。

濃醇香溢的咖啡蛋。

邂逅一杯有人情味、有溫度的咖啡，往往鋪陳日後那份眷顧情。

倏然的巧遇嗎？加油喔。

純樸鄉間豬舍旁小路，別有些許點滴在心頭。

單車友伴時而馳騁八卦山麓，挑戰百公里遙迢。

在地信仰指標，鳳山寺已有百年歷史香火繚繞。

聞得到農畜味和人情味的咖啡

志騰哥表示，臺灣鄉間的豬圈是最不假裝飾的真正味道，時時都能相「嗅」得到呢。

原來，附近周遭還是有不少養豬戶，農莊的畜養氣味，會不預警的撲鼻而來，但不敏感也從不在意的客人，依舊喝著一口口濃醇咖啡，溫存一幕昔懷，在眼前上演。

有時朋友會問：「你們店怎麼那麼大方？都不會計較客人時而不經意地『坐錯位子』。」

在隔壁小吃攤點的魯肉飯、焢肉飯和麵食，客人有時會隨興地端進咖啡坊，個性隨和的他也不以為意，反正大家輕鬆自在就好，不必太在乎這些小細節，因此總讓客人留下深刻印象。

139 縣道假日小市集登場，土產鳳梨甜膩地召喚遊人。

好巧不巧，柴木和咖啡包提袋撞衫了。

咖啡坊門前的咖啡樹，結滿了尚屬青澀的豆子。

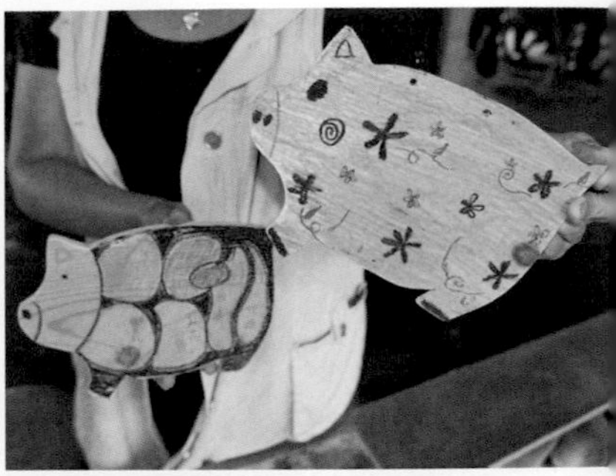

手作木板豬裝飾品，增色「豬事如意」的討喜感。

咖啡世家的信用堅持

機工科畢業的社頭孩子，不想被綁在家中做襪子，於是有自己的一套理想。融合中西餐點，翻轉這一幕幕契機，把最精華的美味在鄉下飄盪開來。

「我爸爸在早期，是以美軍為客源，在社頭鄉經營咖啡豆烘焙業與沖泡器具，計有四五十款的咖啡品項，後來美軍撤退，遂又轉型養豬事業，因此，我小時候不是浸在咖啡豆環境，就是往豬舍裡打理餵食。」志騰哥說：「我當兵回來開始接觸本行，堂哥經營咖啡業務，我跟著爸爸上臺北，在量販店、百貨公司、餐飲店推廣咖啡。我甚至在溪頭、杉林溪也開過咖啡廳和行動咖啡店。」

成功並非一夕偶然，咖啡坊的奮鬥往事，在志騰哥的話中，無一不是腳踏實地的心路歷程分享。

聽聞種種的創業之辛，我明白豬舍咖啡能夠取得朋友最大的支持與信任感，做志業不想要只是純粹的推銷，刻板的侷限老闆與顧客的關係。志騰哥家族所熟悉的老主顧，都是交人交心般的童叟無欺啊！

「難怪朋友都說我不像生意人。」志騰哥的這句話，可以看出他營業以來，秉持著古意、實在和一份執著於心的堅持。

綠蔓插花，青苔附生，豬舍滄桑滿是洗漱不盡的歲月顏料。

豬圈一隅的視角。

info

豬舍咖啡

- 地址：南投市八卦路 1249 巷口
- 電話：0936303504
- 營業時間：周六、周日 6:30 ～ 17:00
- 交通：走國道三於南投中興新村交流道下，經鳳山路（投 18）接 139 縣道可抵達。

info

附近景點：南投猴探井天梯（天空之橋）

- 地址：南投市福山里猴探井風景區
- 時間：平日 08:30 ～ 20:00，例假日 08:30 ～ 21:00
- 交通：走國道三號於南投中興新村交流道下，經臺三線往猴探井指標。

臺二線海邊的風味驛站
—福隆便當

來福隆就是要吃便當啊！那種和旅客們囫圇扒飯，品嚐飯熱菜溫的香噴滋味，令人齒頰留香，久久不能忘懷。

假日站前接踵而至的遊人，襯托著便當故鄉的澎湃熱情。

露天階梯便當宴，開吃！

聽過一位朋友說過這樣的話，「吃過福隆便當的好味道，會有『他鄉美味解鄉愁的一種療癒感吧』！」就因為朋友說過的這句話，我屢次在風和日麗旅程下，大辣辣地坐在火車站階梯，打開便當，左顧右盼地撥動筷子，和眾不相識的伙伴們一起大快朵頤吞嚥，上演瀟灑的露天饗宴之車站篇。

福隆便當的口感，自出名以來不斷地魅力四射，讓到此旅客開心飽足一頓，進而意氣風發地奔向海灘，透過激盪無比澎湃的海水與沙粒，跟著音樂祭吶喊動感，讓代表福隆夏天的FU正式起跑，Come on！

這等情境，是我吃福隆便當的隨興、癡迷而以為……那麼讀者，你以為呢？

比誰賣卡固的店招涵意

抵達福隆車站出站後，騎上租來的腳踏車開始漫遊晃逛，我眼前「就定位」的各家便當招牌，醒目聳立，儼然就是名副其實的便當故鄉，無誤的。

比老店行銷術語，也比箇中滋味

「原汁原味古早味」、「第一味」、「第一家古早味」、「便當總店」、「便當創始店」、「福隆本店」、「老店」、「站前正老店」、「創始老店」……每一家便當招牌的附加形容詞，說明業者都想打出自己才是正港第一家原創店的名號，而疑惑的我，在撲朔迷離的種種字體中猜測，到底哪一家才是真正老店呢？

一片肥瘦相間的三層肉，加上

便當店和腳踏車，成了當今福隆街道景觀。

便當菜色，引人欲欲嚐鮮，食指大動。

路邊各式店招，比誰老字號。

一片滷肉、豆干、高麗菜、滷蛋、菜脯、雞捲、香腸、酸菜，以上是福隆便當大致的八樣豐富菜色。不論緊鄰的，抑或對街而開的每間店，想必是在烹調的細節上卯足全力，口味與特色，往往難分軒輊，至於誰的店開最久，似乎已不是顧客唯一的計較選項了。

踩著車踏板的規律節奏，汗水與汗衫逐漸融疊在一塊，我此刻的心情開始融入在地感，街道的便當店景況，讓我發想，這是個耐人尋味的地方文化。

穿梭馬路忙遞送，卡車司機鍾愛這一味

離火車站約莫三百公尺，萊萊橋旁的「第一味鄉村福隆便當」，店名讓我有一種熟悉感……「我愛鄉村，鄉村風景好……」，噢，這是兒時朗朗上口的歌詞嘛，在期待的心趨使之下，我走了進去。

由來許久的口味默契

「叭！叭！」，砂石車在對面路旁停了下來，振源大哥不需開口詢問，就知道這位司機要的是什麼口味便當，他悉心左顧右盼，端詳再三地過馬路，伸手遞

往來砂石車，鍾愛心目中的熟悉味。

鄉村便當店，老闆一家向您問好喔。

送收錢後，再以小快步的方式走回店裡。

此情此景，我一邊大聲提醒，穿越飛快的車陣好危險，要他注意安全。頃刻又有好幾輛的大卡車陸續停下來買便當，由那般心照不宣的肢體比劃看來，似乎也是熟悉的老主顧，才會有的默契。

捏把冷汗之際的我，真的很好奇，振源大哥平均一天要在臺二線上，戰戰兢兢地往返穿梭幾回呢？

牆面上的打氣與迴響

素月大嫂對我說：「福隆每年夏天的沙雕藝術季與海洋音樂祭，是一年裡最忙碌的時刻。」一一〇五年九月底梅姬颱風來襲，福隆唯一一間還開店的，僅有「鄉村便當」。縱使風雨交加，來勢洶洶的梅姬籠罩環伺，他們夫妻倆對狂風驟雨還必須外出辦事的人們，總是有設想周到的服務熱誠。

旅客留寫讚賞話語

我瞧見美麗的花朵與昆蟲繪圖壁貼，激發著待會要去郊外汲取自然氣息的稚心，頓時彷彿滿室馨香。我也發現，有好多顧客「到此一吃」的簽名，滿心放送肯定語氣，比比皆是。

閒聊當下，夫妻倆給人非常和善親切的談吐風範，分享店裡林林總總的留言往事，我當下浸染在一處窗明几淨的餐坊，質樸懇切的經營態度，此時心中，已然感受一股暖暖的旅行溫度。

「你們店裡，散發滿滿的溫馨風格，有一份鄉土人親，待人厚道的情懷，讓人在心裡來回反

滿牆忠實愛好支持者簽名，洋洋灑灑。

繽紛多彩的壁貼，予人注目觀看，當然還有勤奮的一家人。

各式溫馨留言，是顧客最直接的心靈鼓勵。

覆的醞釀啊！」我吃著美味便當，微笑讚許如此好店家，並在心中告白：「老主顧永遠不會忘記鄉村便當的熟悉味道，包括人情味！」

貼心兒女，假日返鄉分擔辛勞

一對兒女學欣與曉雯，幾乎每個禮拜或假日都會回家幫忙父母，因應眾多顧客的需求，一家人一早便積極地洗米備料，認真的把每一個衛生環節都細心做好，把關便當的製作流程。有如此懂事的兒女分擔繁忙，讓夫妻倆深感驕傲和窩心。

本身也在中部植栽果樹的振源大哥，會讓假期絡繹前來的客人，有機會選購他另類的「得意作品」。

原來振源大哥一家人趁著空檔之際，不忘將話語圍繞著門前擺設販售的茂谷柑，我加入他們的陣容，方知他們都是善待土地的環保尖兵，在福隆，以及在東勢，用自然農法的耕耘態度，去換取大地甜美的果實回饋。

「吃看麥！」我品嚐鮮橙茂谷柑的那一剎，是鮮美多汁而清甜的喜感，由然佩服振源大哥園藝好本事，飯後水果加碼，如此精確地接續便當端上檯面，是我怎麼也意想不到的美妙插曲啊！

便當食材，一律採用新鮮青蔬，是不變的堅持。

振源大哥忙碌身影，不忘會心一笑。

鄉村便當有口皆碑，深得主顧喜愛。

曉雯貼心，是父母得力好幫手。

配菜單純，色香味俱全。

給便當蓋被子保溫，美味不流失。

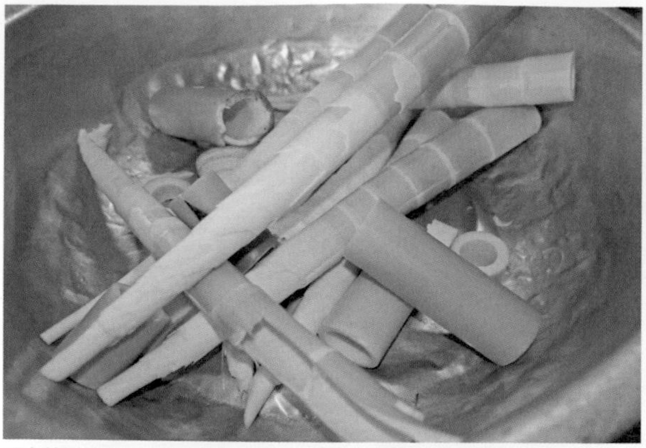

現剝桂竹筍，色澤自然。

用餐邂逅的庄下剝筍秀。

名片旁逗趣的佛祖公仔，教人為善常樂。

走過歲月的月臺便當

很多人在小時候坐火車，腦海都有相似場景……月臺傳來「便東，便東」的臺語叫賣聲，格外洪鐘響亮，粗獷豪氣的大叔，將盛裝便當的木框，揹在胸前，一車廂走過一車廂地叫賣。

引人垂涎的好呷便當，往往能在心底滿溢活力與熱情，迎向遠方。幸幸福福的飯菜溫熱，一吃就無法忘懷的庄下風味，喜孜孜的心境，時而在旅途「插花」一下。

最後一個福隆月臺便當

追隨福隆便當有相當歲月的饕客，應該都知道，基於菜價飆漲和成本利潤考量，前年（一〇五年）十二月起，在月臺上販售的福隆便當悄悄然停賣了。還有傳聞，十一月三十日那天，經營月臺便當的阿發老闆，特別吩咐說，免費招待那位拿到最後一個月臺便當的顧客。

「到底誰是那位福隆月臺便當最後的『終結者』呢？」想必只有當日販售月臺便當的阿嬤，才會知道了。

沒了月臺便當，車窗外顯得少了點車站懷念味道。

便當，坐火車跟著遊人旅行遠方。

傳承和懷舊的真情滋味

物換星移，眾所矚目的雪隧開通後，席捲了泰半遊人，省去峰迴路轉的九彎十八拐，穿越坪林區叢林水脈，改變往日旅遊動線，福隆火車班次因而縮減。

目送北上車次，我倚靠在月臺椅背上，視野灑向筆直的軌道延伸，再次溯往阿嬤拿便當追著火車兜售的情景……只為生活掙口飯，上一輩賣不動了，就傳給下一輩繼續賣，如此日常的純粹，歷歷在目。

火車遠去的背影，才下眉頭，叭啦叭啦的一幕幕浮光掠影，卻上心頭。

我一直知道，不變的是東北角海岸磯釣場的釣客、健行草嶺古道虎字碑的登山者、騎鐵馬到舊草嶺隧道一遊的一家子大小、往來濱海公路奔馳的砂石車司機……等等這些人，如今都還是一直熱情也懷舊地將福隆便當，牢牢捧在手掌心。

平凡，如昔街景，搭賞慢調的下午時光，再次走出福隆車站，我又醞釀一肚子嘰哩咕嚕前奏，妄想自己立刻蛻變成翩然的蝴蝶，漫飛自得地再去採蜜（再吃一個便當）。

店裡每每暢銷的茂谷柑，要抓對時機才吃得到呢。

登山客的背包，常有福隆便當的「存貨」。

假日蜂擁而至的人潮，依舊帶來餐飲商機。

info

第一味鄉村福隆便當

地址：新北市貢寮區福隆里東興街104 號

電話：02-24991828

營業時間：09：30～19：30

交通資訊：

搭乘臺鐵到宜蘭線福隆站下車。

開車於國道一號八堵交流道下，接臺二線濱海公路往宜蘭方向抵達。

開車於國道五號礁溪交流道下，接臺二線濱海公路往基隆方向抵達。

小叮嚀：

一、所有宜蘭線鐵路區間車均停靠福隆站，唯對號列車停靠的班次較少，須注意乘車等待時間的落差性。

二、福隆站客服電話：02-24991800

做魚丸和做人一樣實在的魚丸伯

賣魚丸湯的收入，全部用在偏鄉國小的義煮善舉，魚丸伯煮給孩童吃的，不只是魚丸，還有一顆懂得回饋社會的心。

冬寒破曉，氣溫又任性溜下攝氏十度的滑梯，一碗一碗魚丸湯，使勁散發它的熱力相抗衡，溫暖人們內心。進而，撩撥幾許家鄉小吃店也有的熟悉，氤氳瀰漫的街頭小攤，總是記憶裡最療癒的故鄉風情畫，「魚丸伯」（明道伯），平凡暱稱，卻譜寫不平凡的善行義舉。

九號登山口的魚丸湯

我坐在水泥磚，和許多由山上運動下山的早起人一同喝著熱呼呼的魚丸湯。過往青春年華，湯湯水水的魚丸人生，我思量在心，為明道伯下一個日常剪影的註腳，他是明明白白，道道地地的在地耕耘人，用善念灌育幼苗，全年無休。

講究安心食材，做出地方好口碑

「魚丸不脆、不白、不久放，但它很健康，無防腐劑、味精、硼砂，驗出罰一百萬！」明道伯對自家魚丸食安絕對嚴謹的負責心態，一直是他教導兒女的原則，每日凌晨四點忙到下午七點半，星期五到星期日又得打上大量魚漿，他覺得自己沒有喊累的惰性，必須兢兢業業地做下去。

簡單小攤，放幾個水泥磚為椅，在臺中大坑山九號登山步道入口處（地震公園旁），頗引人矚目，因為這是一份愛心的事業。行善不困難，魚丸湯一碗十元銅板價，投入箱子裡，就能為偏鄉學校的義煮行動，盡一分心力。

父子同心，兒子也在山腳那頭的觀音山登山口擺攤賣魚丸，同為愛心義舉出錢出力。

「吃冰上火，喝熱降溫，賣熱不賣冰。」靠爬山養生的明道伯神清氣爽地表示。他眼神裡傳遞的泰然，依舊是一抹淡淡自在的微笑，給人親切，樂觀處事的生活印象。

賣力烹煮做善事，明道伯一貫的助人舉動博得好評。

日本大地震、臺南地震、高雄氣爆，明道伯不落人後的舉辦義賣魚丸，將三天所得悉數捐出救災。因為，小時候曾經是白河地震受災戶的明道伯更能感同身受，那種一夕之間，家園全毀無家可歸的無助，因而觸景思昔，將心比心，怎麼樣都要貢獻一己力量。

「做善事，有時連國外的旅客都會間接認識你。」明道伯記憶猶新地表示，來臺觀光的兩對夫妻共四人，在新加坡看到電視報導慕名而來吃魚丸湯，並開心地與他合照留念。

兒子和女兒分擔出力，一家人親力親為顧本業。

來呦，「探燒」來呷，黑輪也不賴。

十元價一碗湯，深情背後是無價的關愛。

女兒以老爸為榮，開心一起顧生意。

半露天坐椅一字排開，很有聚餐的氛圍。

偏鄉小學義煮的善念

「我到過的地方，就屬南投縣力行產業道路最是難走，要通往翠巒、紅葉、發祥國小，崎嶇程度超乎我們一行人的預期。」明道伯回憶前往偏鄉小學義煮情景說：「我在紅葉國小聽到有兩位小學生放假時，還嚷著要父母帶他們去吃阿伯的魚丸湯，讓我覺得這一切的努力都很值得！」

魚丸加黑輪，不錯吃的組合。

明道伯講公道，寓教於食的處事哲學

利用每個學期的星期一（也是店休日）到國小煮魚丸湯，讓小朋友們一人一碗，回家再帶上一碗分享給家人吃，再奉送每人一斤魚丸，明道伯慷慨照護著一群國家未來主人翁的義舉善行，令人感佩。

「和我一起前去的有水電工、醫生、建築師、木工、烘焙麵包師，我希望號召更多人來義務參與。」跟著一群義工朋友為伴，明道伯和兒女利用自己休假日到各地偏鄉國小，煮魚丸湯和虱目魚粥給師生享用，數年來如一日。

「我教導小朋友用功讀書，做食品時，什麼東西可放，什麼東西要遠離，鼓勵學生，碰到困難，怎麼站起來。」明道伯清楚地告訴學童關於虱目魚的由來和營養價值，同時以他親身故事經歷讓小學生們知道，做人處事真誠的重要性，讓這些小朋友在大飽口福之餘，也在無形中讓小小心靈跟著受益。

受到魚丸伯（明道伯）感召，臺中新社福民國小學童發起白茅台葡萄義賣，再轉捐十方啟能中心，讓回饋社會的善念不斷循環，照亮每個需要幫助的角落。

魚丸伯曾經以國小的名義號召義煮，總共募得壹萬叁千柒百壹拾元的銅板，這份心境感動了校園，有學生利用戶外教學時，主動協助製作看板，自願幫忙賣魚丸。

「有空來找我喝魚丸湯，我請客。」延續一分情，明道伯邀請學童去大坑找他，讓他盡地主之誼。

由來已久的愛鄉行動力

一開始是做旗魚漿，後來認知虱目魚是國寶魚，營養價值高，便大力推廣。明道伯從不對外募款義煮，他說顧客主動來吃虱目魚粥、買魚丸，就是幫上最大的忙了。

教出許多賣魚丸的子弟兵，讓他們在社會各地謀生，同時行有餘力去幫助其他弱勢，是謙虛的明道伯，內心小小的一塊驕傲。

家裡從前做小籠包，明道伯回憶因為良心買賣顧及長遠健康，絕不摻防腐劑，一直秉持以「保存期限」制量生產的方式，所以店面規模不大，生意成本也做不大，但日子還過得去，這是家族一貫生意經，深深影響他成人之後經營魚丸店的理念。

凜冽的冬天由早忙到晚，連女兒要結婚了，卻也沒考慮休息個幾天，明道伯要傳達給客人一個從一而終的觀感，再忙，絕不忘行善，再累，也要兼顧客人需求。

「要我在行善這條路缺席是不可能的。」明道伯用堅定的口吻說。

在臺中北屯區東山路的店面，是明道伯另一個基地。他是白河人，白河的舊名「店仔口」，為情牽故鄉養育的恩惠，遂取名「店口蝦捲」。

店體貨櫃屋，是朋友張先生設計，源自一般人對庶食魚丸單純的想念，簡單，卻充滿家的樸實味道。

隔熱集成材降低貨櫃屋的溫度，圓窗和盆栽營造一個新的空間感，將堅硬的元素變得親切。端景是延伸概念，準備做為魚丸故事牆。木紋磚地板，傳達永續經營概念，綠化細節也不馬虎，園藝用水，是著重水能再利用的構思，依然是良善付出的循環。

明道伯到偏鄉小學義煮的行動，讓師生們感懷在心的致謝狀。

不停歇的丟入湯鍋成形，每一粒魚丸都將溫暖人心。

假日大坑山步道市集匯聚各地物產，頗有看頭。

道旁人形立牌邀君入坐，喝碗魚丸湯，提提神再上路。

新落成的店面主體走環保風，也是愛鄉愛土地的表徵。

綠葉新枝，好比新店面，新氣象的青春活力。

故事牆未來的素材到底為何，還是魚丸湯獨佔鼇頭嗎？

「給人釣竿教人釣魚」的隱喻，啟發人生哲理。

竭誠付出反而成為一種幸福

陣陣魚湯鮮香沁入心頭，我滿是好奇地問明道伯，今年貴庚？竟有如此好體力，可以在假日跟著多數年輕義工一起上山下海，到偏鄉照顧學童。

「能輕鬆過活就好，身體若好，很多助人行動可以親身參與，多大歲數，也就不是那麼重要了。」明道伯又說：「其實每次到偏鄉義煮，路途遙遠，我對隨行團員的安全是很在乎的，我比任何人都緊張，等到一整天忙完，看著學生臉上的滿足感，我的心情頓時就無比舒暢。」

將「為善常樂，知足常樂」的人物誌性情，用來讚揚明道伯的豁達心念，最是貼切不過。兒子，兒媳，加上兩個女兒從旁協助，「魚丸伯」一家人的故事串連起來，在地人情味始終動人心弦。

曾在投資路上受創傷，明道伯重新站起來回到魚丸攤子，用行動力證明自己寶刀未老，行有餘力不忘回饋社會，他未來想教人做小籠包，一籠回饋一元，捐做公益，希望將善行力量繼續擴散。

「再來一碗魚丸湯！」我細細品味丸子裡的溫暖人情，沸揚滾熱的湯鍋，依舊沒讓冷颼颼的寒意攻掠凌遲，「魚丸伯」人生啟示錄，著實令人受教。

無論人稱明道伯或「魚丸伯」，創業啟示都是學習榜樣。

info

大坑山九號登山口魚丸攤

地址：大坑山步道地震公園旁
電話：0903905051
營業時間：平日 5:30 ～ 12:30，例假日 5:30 ～ 19:00
周一休（遇例假日順延一天）

店口蝦捲（兼賣虱目魚丸與蝦捲）

地址：臺中市北屯區東山路二段 1 巷 8-2 號
電話：04-24392196　0903905051
營業時間：7:00 ～ 18:00
周一休（遇例假日順延一天）

名聲響亮的木招牌，樂善好施。

虱目魚粥配蝦捲，有一股道地爽口的飽足感。

井然有序的植栽擺設，隱喻明道伯切切實實規劃人生步履。

充滿濃濃母愛味道的橘子蛋糕

一直以來對媽媽的辛苦奉獻，感到無比溫馨與感動的淑卿，自創研發充滿母愛的精緻美味橘子蛋糕。

淑卿拿一塊剛出烤爐的橘子蛋糕，要我品嘗看看。哇，溫熱入口，柑橘果香隨即釋放，綿密觸感直達味蕾，好吃得沒話說。

橘子蛋糕頗有高人氣，色澤金黃，精美呈葉片形狀，一如歐風點心，它的身分卻是道地鄉味的臺灣甜點。外觀看得到柑橘切片，蛋糕內吃得到纖細果肉。

「柑橘是臺灣盛產的水果，用當季農產當做食材，讓我一邊圓夢的同時，也間接照顧到許多臺灣農民。」淑卿邊回憶邊說：「花掉兩年時間，找到甜度適中，豔黃討喜的雲林肚臍丁，融合在料材中，終於做出我和媽媽都滿意的橘子蛋糕。」

原來，淑卿經過熟成的處理方式，將肚臍丁外皮的苦味轉化為甘甜，把果皮果肉好滋味，一併組合在蛋糕裡，回饋母親。

開啟夢想的橘子蛋糕

傾聽淑卿創業前的故事讓我動容，我很感興趣地問起淑卿的圓夢敘事起源，必定有著親情關愛所託望的慰藉，典藏在心。

母女情深，淑卿與媽媽一同享有美食甜點幸福時光。

芒果塔在夏季往往供不應求，含蓄內斂的果香迎合味蕾。

保留水果香氣純粹，叫人愛不釋口的橘子蛋糕。

偉大母恩，海外學習的精神支柱

「我最感謝媽媽，在創業前，她拿錢贊助，讓我遠赴英國語文學校就讀三個月，加強外語能力。而後到餐廳無薪學習，累積工作經驗，在異鄉學習獨立。」感性的話語，一字一句從淑卿口中深摯流露。

往後日子，媽媽依然資助學費，讓她攻讀SHML瑞士管理學院飯店經營管理碩士，不同往昔，這一年以專注的心力學習校內課程，因而沒有太多時間去打零工。

拿到文憑的淑卿，飛往法國續夢，在香榭大道旁一間甜點小店，吃到一塊美味精緻的橘子蛋糕，遂回憶起媽媽最愛吃的橘子，自此開啟烘焙人生轉捩點。

「其實，那家店是沒有支付薪水的，因為我不是正職員工，而是用打工換宿的方式跟在師傅身邊學習，當然我跟著師傅學成的技能，是無價的創業錦囊啊。」淑卿詮釋一位女孩異國求學的辛酸與孤寂，冷暖當自知。

學成歸國，朝著目標前行，先後在喬治高職、明道中學、同德家商擔任講師，她傳授烘焙技能，也不定期在靜宜大學和義守大學，開辦餐飲學科講座。

橘子蛋糕榮獲臺中市十大伴手禮首獎，母女與有榮焉。

一身烘焙行家穿著，淑卿笑容可掬迎接每一天的務實和挑戰。

淑卿創業靠的是勤奮不倦態度，「法布甜」招牌響亮。

不握教筆，只為開店一圓夢想

「現在會覺得沒去當老師，有點可惜嗎？」我佩服也委婉的探問。

「其實我習得一技之長，考上乙級烘焙執照，學識和職場經歷兼備，是可以去教書的。原本只想單純地拿麥克風站上講臺，做為吃飯工具，但如此人生規劃，對我來說沒有成就感，在外開店打拼，應對人群，接受更多的磨練挑戰，才是我所希冀。」淑卿從容地回答。

媽媽是素食總舖師，從小跟著媽媽四處接辦大大小小宴席場合，卻沒想要接下棒子，因為淑卿心裡所愛，還是甜點烘焙這門領域。

「我國中以來，就對家政課著迷，參加過非常多的比賽。」淑卿說：「放學後到食品工廠見習，因而累積食品知識和技巧，能得心應手的發揮，在屢次烘焙比賽獲取佳績，讓我求學一路順遂，先後保送明道中學和高雄餐旅大學就讀。」

我讚嘆淑卿對烘焙技能鑽研甚深，是一個追著機會走的人，永遠都有成功希望曙光，在前方等候加冕。

展示窗櫃裡種類繁多的糕點，色系繽紛精緻引人矚目。

白巧克力妝點而成的玫瑰花，有一股高雅清芬美食誘惑力。

用心打造橘子蛋糕品牌

曾經試過茂谷柑、香吉士、橘子、柳丁等等柑橘類鮮果做嘗試，最後用雲林的肚臍丁，因為所受日照時間足夠，顏色橘黃亮橙，口感鮮甜，和蛋糕搭配，味道最契合。

無論「大吉大利」還是「大橘大利」，都很喜氣，淑卿選擇橘色做為形象顏色，也以橘子蛋糕的討喜意涵建立品牌。

橘子磅蛋糕、檸檬磅蛋糕、圓核桃磅蛋糕、南瓜蛋糕捲、巧克力香蕉蛋糕捲、芒果蛋糕捲、夏日芒果塔、芒果馬卡龍，有條序地擺放櫥窗保鮮。

我按捺不住嘴饞的拉鋸，嚐了又嚐。

法式鳳梨酥的酥香甜蜜（低糖低熱量），很是顛覆傳統鳳梨酥的風味，法式蛋白餅皮，伴著糖珠般酥脆口感，好似放大版的馬卡龍。

橘子蛋糕特色，是將果皮果肉分開煮，果皮汆燙去除苦澀味，搭配果肉的香甜味，整體味道濃郁，質地綿密。

色澤醒目的橘子磅蛋糕，內含杏仁粉、海藻糖和肚臍丁果肉，吃來滑柔順口，果味的豐富清香，在嘴裡飄散開來。

玫瑰花慕斯，酸酸甜甜不膩嘴，用淡粉紅色的白巧克力，搭配覆盆子、法國進口玫瑰泥，香濃口感，有纏綿漸化的新鮮滋味。

堅持健康，創業思維始終如一

關廟的2號、17號土鳳梨、彰化茉莉綠茶、日月潭紅茶、雲林肚臍丁、玉井愛文芒果、臺中新北香蕉，各類新鮮水果產地直送，擬人似地各自釋出香氣，爭取愛慕。

當令水果「清晨採收，上午製作，下午品嚐」，是淑卿一貫的行事態度。

淑卿說現在做甜點，就會一直想起小時候，媽媽剝橘子給她吃的情景。媽媽平日就不喜歡太甜的食物，所以才取名法布甜，也有顧客俏皮解釋，就是「法國不甜的甜點啦。」淑卿強調，店內食材使用法國進口的奶油，成本較高，但相對品管嚴格，比較有保障。

三色口味法式鳳梨酥，每一塊都吃得出健康。「我用的是比一般砂糖貴五倍的海藻糖，甜度不高，比較健康。」淑卿這句話，帶出堅持的良心本位，把關嚴謹令人刮目相看。

在席捲全臺的黑心油風暴中，法布甜法式鳳梨酥標榜不含一滴油，外皮酥脆不膩甜。以蛋白杏仁粉和海藻糖來替代，健康沒負擔，頗受消費者青睞，因而在當年中秋節訂單，繳出亮眼成績。

「橘子蛋糕能雀屏中選，榮獲臺中十大伴手禮金口碑獎，一夕爆紅，對我而言是一個莫大鼓舞。法式鳳梨酥，也蟬連三年臺北鳳梨酥節大賽的優選，在心靈層面，讓我更有向前追夢的動力。」淑卿一臉驕傲地說。

「為何取名為AR's Patisserie？AR是我（Angel）和姐姐（Ruby）兩人的英文名字合體，Patisserie是法文甜點店的意思，我非常感謝姐姐在開店時給予的幫助，就突發奇想，要和她一同享有這份喜悅。Logo圖案，是我高舉國旗，代表凱旋歸國之意。」

聽著淑卿很具創業意義的表

述，不禁令人讚佩她的毅力和執著。

以進廚房不怕熱的積極作為，「橘子姑娘」總是步步踏實。

鮮切的肚臍丁水分飽潤，鋪在磅蛋糕上合拍醒目。

將橘子蛋糕適溫烘烤，散發的香氣圍繞整個工作坊許久。

南瓜蛋糕捲狀似溫柔，吃來軟滑，每一口都有自然風甜蜜。

臺灣青皮「麗檬」，氣味微酸，很能融合食材層次感。

檸檬磅蛋糕也是店內人氣夯品，別具魅力。

法式裝潢，營造異國風

水晶燈、圓柱、花雕燈飾、風景畫，法式氣氛布置風，亮麗搶眼，禮品陳設有條有理，甜點的美感美味，在嘴裡醞釀蕩漾，教人為充滿異國氣派的下午茶時刻，深深著迷。

平易近人，好客富禮

「要不要試吃一下？帶朋友來體驗下午茶，希望大家多多支持我們，好吃一定要幫忙多多介紹哦！」一看見淑卿與顧客寒暄，我一度以為都是熟悉的老朋友，原來有很多人都是第一次上門的新客人。淑卿好客態度，原來是那麼的平易近人。

歐風桌椅，地板晰淨光潔，坐下喝杯下午茶，放鬆話家常，就是消磨時光的好選擇。淑卿主動向顧客介紹各類糕餅，個性爽朗，談吐有禮的氣質風範，贏得許多人讚賞，有人稱她「臺灣橘子姑娘」封號，深表認同她的創意理念。

意味深長的暖橘色調

穿起橘紅色制服套裝，淑卿酒窩深深的笑容下，顯得朝氣蓬勃。她說：「暖橘色的盒飾、包裝、制服顏色，代表對母親的恩謝。」淑卿每個禮拜都會回家探望媽媽，高鐵往返臺北臺中兩地，表達孝心。

忙接電話，向客人細心解說，親力親為站上第一線，淑卿總和員工們一起努力，把細節做好。

創業不忘回饋社會，幫助弱勢。法布甜臺中店在一〇五年的聖誕節，舉辦「讓愛轉動」活動，和客人交換禮物，她再把這些文具和玩具轉交到育幼院院童手中，造福弱勢，讓這些孩子也能快快樂樂度過一個難忘平安夜。

典雅氣派的裝潢格局，置身其中，有如進入歐風餐坊時空。

品嚐法式浪漫悠閒午后，時間也忘情擱淺。

資金不足和家人反對，一度卻步不前

「橘子蛋糕在臺灣既然還沒有人做過，我何不來試試看呢？」淑卿回憶起當時的初衷。

資金不足，加上家人的反對，一度讓淑卿行之卻步。每次有試吃品研發出來，媽媽總是第一個試吃者，而且，總會用最嚴格的標準，指出不對味的地方。

「哎呦！怎麼這麼苦呢？」當初研發橘子蛋糕，也是歷經了不下數百次的交換和討論，才換得現在穩定客源。

「非常香甜的感覺，總算摸出頭緒，這就對了。」一路走來的心路歷程，淑卿釋懷地湧上回憶。

不放人工添加物和防腐劑，我給自己定下目標，在全省開十家分店，在全臺百貨展店，並且能在大

暖橘色系禮盒，高雅大方。

寬敞明淨的入座區，話中有畫的思緒時而衍生。

端節應景的香包，也在店裡點綴氣氛。

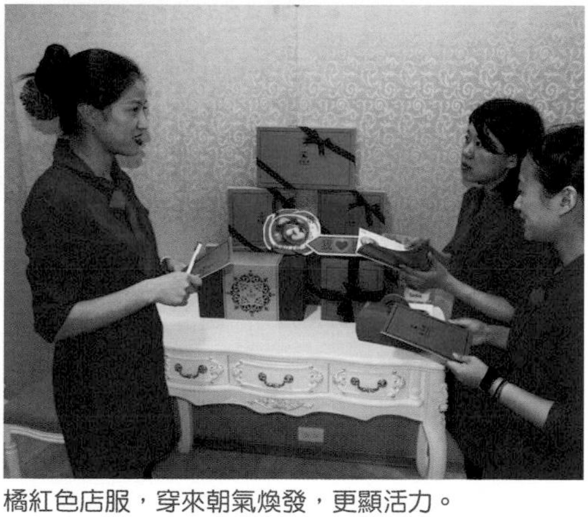

橘紅色店服，穿來朝氣煥發，更顯活力。

陸拓展事業。

常常忙到一個人留守門市，親手在禮盒上打蝴蝶結，華實相稱，成就今日的好口碑。淑卿自信訴說：「我非常喜歡旅遊，到處去品嚐美食，於是耳濡目染進了餐飲這行。我的人生，會一直照亮著甜點。」

曾經隻身離鄉背井到海外攻讀習技。曾在臺灣南北各地飯店擔任學徒與助手。曾有家人不捨辛勞勸退聲浪。淑卿走過的路，總是刻骨銘心的生命歷練。

用一雙巧手圓自己夢想，淑卿不忘幫助弱勢。

身材高挑，淑卿一襲黑色連身套裝，給人端莊美麗的親和感。

橘子蛋糕靠著不斷研發材料，才找到最適切組合搭配。

新鮮肚臍丁，色澤透著一股天然純真。

文憑和相關烘焙證照，是淑卿努力耕耘得來的成就。

包裝精美討喜的烘焙甜點，是一個夢想的匯集。

info

法布甜 AR' s Patisserie

八德門市

地址：臺北市中山區八德路二段 196 號

電話：02-27731998

營業時間：12:00 ～ 21:00

大墩門市

地址：臺中市西屯區大墩路 979 號

電話：04-23201996

營業時間：10:00 ～ 22:00

微笑時而浮現，淑卿待客之道讓人備感禮遇。

一個餅一世情的「鞠躬胡椒餅」

感恩以往婆婆和先生對自己萬般照顧和呵護，越南媳婦紅杏接手胡椒餅店，繼續烘烤家傳胡椒餅的絕佳風味。

斗大字體和香味吸引來客，剛出爐的圓渾胡椒餅烤得一身酥黃，內餡的精華汁液，呼之欲出。

帶些焦皮感的外皮，充滿誘因，哇！嚐過第一口的好滋味，不刻意捂著嘴，只因好吃到讓吃相變得不重要，採訪前，我忍不住囫圇飽嚐了一頓。

生計所繫用心守著烤爐

「兒子有天夢見他爸爸有做咖哩內餡的胡椒餅，於是建議加入這個新口味，希望這可以讓我的胡椒餅特色更貼近客人，建立口碑。」紅杏說，自咖哩胡椒餅推出以來，銷路情形和客人反應一直都蠻不錯呢。

除了胡椒餅，也兼賣征東餅（甜）和征光餅（鹹），舉凡市區餐廳配合當天菜單，廟會因應節慶拜拜，都有若干的需求量。她往往一早就先把征東餅和征光餅烤好，與製作胡椒餅的過程錯開，考量顧客會不時前來購買，一個人應付現做現烤現賣的工作量，時間必須拿捏得宜才行。

靠賣胡椒餅，一人要肩負三個小孩的生活起居和學費，紅杏肩上的擔子真的蠻重。

脹圓飽滿的胡椒餅，烤來就是一個誘字。

顯眼的攤架招牌，小店賣的可是口感破表的胡椒餅喲。

征東餅排排並列，引人垂涎。

街坊鄰居相照應，聞香慕名道相報

「原本婆婆和先生兼賣包子饅頭，後來純粹只賣胡椒餅，由於飲食文化的不同，我嫁來臺灣一年後才習慣胡椒餅的味道啊！」紅杏回憶過往時，說：「我那時候多半只在一旁協助包裝和收錢，製作胡椒餅的備料和烘烤工作，都是先生在執行。所幸他有把配方和基本工傳授給我，靠著慢慢摸索，我現在才能獨當一面，撐起一間店的所有事務。」

遇上好鄰居，讓紅杏深感慶幸，一旁賣檳榔的商家對紅杏很是照顧，若她有事必需離開時，他們總會適時幫忙接待客人。

「每當鄰居小孩回家時間比較早，我就會問他吃飽沒，甚至直接給錢讓他去買午餐先填飽肚子。」紅杏表示。

我從對話中感觸，不期而遇的人情溫暖，發生在平凡胡椒餅店與檳榔商家的日常。

征光餅是餐廳和廟宇最愛，也是紅杏主打美食牌。

每個胡椒餅內餡飽滿，扎實渾圓。

小本生意，踏實譜寫人生

「平均一天要工作十二個小時，雖然辛苦，但想到要養三個孩子，我還是要努力工作。我到外頭工作也頂多兩、三萬塊，但自己開店，還可以一邊照顧小孩，時間上的運用，也比較自由。」紅杏有感而發地說道。

紅杏的店並非處在人群擾攘的觀光點，所以客源比較難掌握，但鬧區的店面租金都不便宜，根本租不起，她目前尚在適應，並設法找到怎麼提高知名度的銷售方法。

「一天大概烤個六、七爐次的胡椒餅，沒生意時，我就打打蚊子，打發時間囉！其實這一帶有好幾家賣胡椒餅的，所以我的生意難有大宗的採購量，目前一整天的工作還應付的過去，希望大家多多捧場。」她幽默談笑，試想稍解站立工作，體能損耗導致的疲憊。

像不像膏藥貼壁哩？其實都是「烤」量的美食學問啦。

剛出爐熱呼呼的，照過來看仔細囉。

店面空間不大，卻有滿滿高昂的生意志氣。

鞠躬感謝老主顧捧場

「聞香下馬」的顧客，總是很習慣問著「還要等多久？」，也許真的是魅力無法擋，很多客人是老主顧了，早不在乎等個幾分鐘時間。

「感謝妳賣給我這麼好吃的胡椒餅。」

「謝謝你給我『道三剛』。」

每成交一筆生意，總會上演以上如此對白，無論賣出幾個胡椒餅，紅杏總是深深一鞠躬，感謝顧客的幫忙。

一個個胡椒餅的內餡配料，紅杏都逐一地用秤控管和拿捏該有的一百三十公克到一百四十公克的重量。

四十餘年老字號，延續家傳的熏香好味道，不時地移動腳步，又是加木炭，又是揉麵團包餡忙碌著。每有客人上門，她總以響亮有力的詞彙招呼，敬業態度令人敬佩與感動。

生意好時，一爐三十六個胡椒餅不消十來分鐘就賣光。一個人同時做原本需要兩個人手分量的工作，但紅杏臉頰總帶著微笑過每一天，我認為這是她源自內心，散發自我肯定與積極進取的生活態度啊！

「只要假日，兒子都會來幫忙，有時小女兒生病了，我忙不過來，大女兒也會悉心照顧，我對三個小孩的懂事行為，很是欣慰。」紅杏說：「兒子和女兒唸國中時，他們的學校知道我的處境，常常會訂購大量胡椒餅，我很感激所有人對我的幫助。」

青翠白皙的三星蔥，很具美食材料的 FU。

身段頎長的三星葱，在一旁晾乾備用。

客人耐心等候，順道一睹俐落身手。

白胖胡椒餅等著入甕，變身夯品。

專注包覆內餡，做好每一當下的實實在在。

掘起烤好的胡椒餅，瞬間香氣四溢。

餅裡包覆的打拼哲學

前方路途，看似透空，換個角度，或有急轉直下的的轉圜，進而迎向另一波挑戰。越南媳婦的積極樂觀性情，像加在餅裡的胡椒般，散發活力與熱量，從心所欲的彩畫人生境遇。

紅杏在臺灣，努力做美食，最喜歡的小吃是鹹水雞、蚵仔麵線、蚵仔煎、臭豆腐等等。若說是鄉愁悄悄爬上心頭，最想念的除了至親，就屬越南菜的滋味了。

問會不會想家，她倒是打趣的表示：「我倒不會有什麼太大鄉愁，反而是非常想念故鄉的飲食文化，尤其是媽媽姐姐煮的食物，最叫我思念不已。」

白白胖胖，渾身沾滿芝麻的胡椒餅一一入甕，儘管炭火與熱浪雙重夾擊，我依舊好奇地引頸俯向烤爐張望究竟，每個餅皮有如貼膏藥似地緊緊黏著甕壁，下頭炭火使勁的發威烈炬，約莫十來分鐘過後，形體受熱膨脹，胡椒餅們就變身為大一號的美味品。

扎實的麵皮，包上新鮮豬肉和脆嫩白綠的三星蔥，用炭火烘出回味無窮的口感，一天下來，小店周遭飄散著濃濃的燒餅美味，久久不歇。

我想，人客吃在嘴裡的飽足同時，也會感懷這位越南媳婦的毅力和積極態度，為臺灣小吃，增添一幕不凡光采。

熱情不減的炭火，時時刻刻出爐討喜口碑。

咖哩胡椒餅別有獨特風味，頗受人喜愛。

info

艋舺福記胡椒餅

地址：臺北市環河南路二段 114 號

電話：02-23080315

營業時間：11:00 ～ 18:30

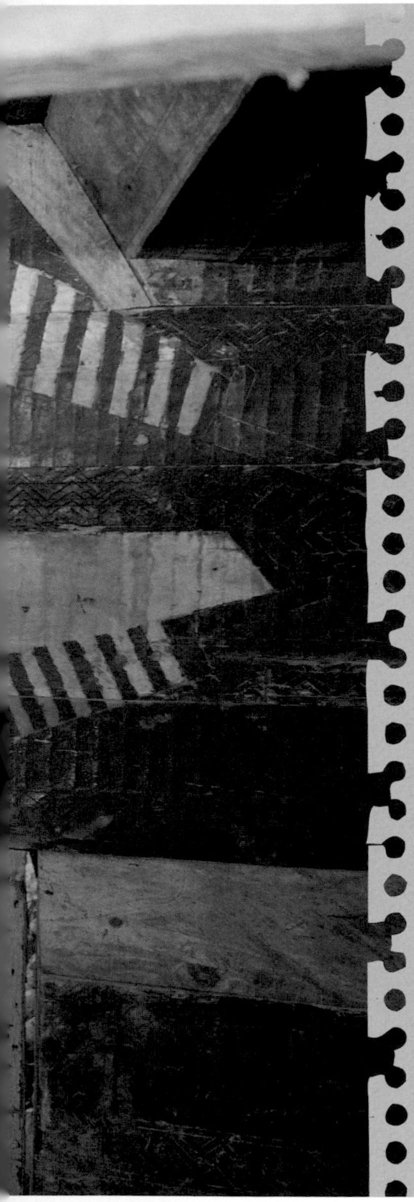

確幸

觸動心靈深處的美麗符號

傳統燈籠「說英文嘛也通」──雙語燈籠創新意

一位馬來西亞客人要開咖啡店，請唯庭在燈籠上頭寫上英文「UNICORN CAFE」，無形中開啟傳統燈籠的書寫新天地。

新年屆臨，廟宇喜歡除舊佈新，燈籠一年換一次。農曆十月，是三寶神明用品業者馬俊安一家忙碌的開始，也進入寫燈籠旺季。舉凡服飾、牛肉麵、咖啡廳等諸多店家開幕誌慶求吉利，都曾經請馬家寫燈祈福。

從幫忙代寫變成正業

老闆娘于萱，負責廟宇訂製的燈籠題字，繁忙時往往應接不暇，昔日騎樓遭人縱火，店裡蒙受波及損失不小，夫妻著手重建，他日卻遭逢車禍，唯庭體恤父母的辛勞，決定盡己之力「代母從書」，勤勞而學，日漸佳境。

一位老主顧來店裡，看到唯庭熟練的寫字姿態，無不再三稱讚，于萱於是決定把這位客人訂做的三對燈籠，都放手給女兒寫。

「好在唯庭撐得住場面，解決多數訂單的燃眉之急，我便放心把一些手上的負擔，交由她協助代勞。」媽媽的一席話，幾年來向人提起，臉上還是漾著一抹淡淡微笑，詮釋她對女兒盡孝的欣慰。

消息傳開，很多顧客慕名而來，日本旅遊書籍介紹臺灣觀光，還把馬唯庭燈籠題字的故事搬上檯面，嘉許這位年輕的家業接班人。

各式端莊醒目的神明用品，點綴著一份祈心與虔情。

書寫廟宇神明名銜，唯庭專注穩健的勾勒，神情自然。

母女倆對燈籠結構和字體把關嚴謹，用最高標準態度自我要求。

象徵吉祥福氣的燈籠，一向很受人青睞。

這只燈籠的英文題字，讓唯庭提升知名度。

英文躍上燈籠，傳統燈籠有了新生命

有一次幾位來臺的法國交換學生，慕名來店參觀……，一對荷蘭夫妻進門後便讚聲連連，對陳設的燈籠文物極為愛慕，最後還興高采烈買了紀念品回去。老外時而陶醉傳統藝術，喜愛有歷史價值的文化精粹。

臺灣人要求寫英文，希望讓外國人一目了然，進而有意研究中國文化，拉近語文間隔閡。老外看唯庭眼細手巧，揮描自如轉筆流暢，覺得酷極了，喜歡央求她幫忙寫些吉祥喜氣的話，是兩方極大的差異。

一位馬來西亞的客人要開咖啡店，想討個喜氣，帶個燈籠回去當招牌點綴，所以請唯庭幫忙在上頭寫英文，「UNICORN CAFE」（獨角獸咖啡館）這幾個字，無形中啟蒙唯庭在宮燈領域的書寫天地，揮灑自如。

手握毛筆蘸勻朱砂，一筆一畫的浮現優美字體。即便因日積月累操磨，導致手部關節的職業傷害，唯庭百忙中看完醫生，回到店裡依然是埋首繼續書寫。

「目前這是我的工作，等同於生活的一部分，停下來幾天，我勢必會流失運筆手感，很多工作好像都有職傷，除按時間休息調節，其他倦勤心理因素，自己要想方法克服。」唯庭心平氣和地吐露些許無奈。

唯庭語畢，繼續將所祭祀的神明、宮廟名稱、歲次等

每完成一件交付，就是更深一層的自我肯定與歷練。

寫在燈籠上，如日常般完成工作內容。

一筆一畫永續傳統文化

「老外不會要求我在燈體寫英文，因為他們喜歡認識東方文化，在燈籠上題中文，才比較有親切感啊。」唯庭說：「我記得有一位到亞洲旅遊的年輕老外，由大陸輾轉來到臺灣，他邊走邊問，來到店裡滿心歡喜，他想要我幫忙寫些祝福語，於是我寫上『吉祥如意』送給他。」

談吐秀氣的唯庭，話語帶著幾許對家業立足的自信感與心悅，由她的眼神自然散發。

母女齊寫燈籠，家業興隆

特殊的專有名詞，先擬妥草稿與客人溝通好後，才寫上去。工整筆法下，饒富線條的曲折個性，在在考驗寫字的功力，唯庭專注且淡定的指出：「主要是熟練度，抓到訣竅都不是問題。」

「每一字體，該有的間隔要抓好，不然就怕寫不下，只求專心，寫錯字的機率自然小，我現在穩定俐落多了，也比較有成就感。」她又說：「比較像畫畫的感覺，不是一般的書法，在燈籠寫字，如像畫字。」

看唯庭和媽媽專注的神韻，我天真以為就像依樣畫葫蘆般的臨摹電腦字體：「會比想像複雜嗎？寫來費神嗎？」

「幾乎不需打草稿，循著燈籠的弧度走，調整角度，不時要拿起來看看有否平衡，才不致動不動就寫歪。」唯庭解答我的疑問。另外，用電腦軟體輔助找出字形樣本，參考著寫，遂解決字跡字體產生變形的情況。

但實際也沒那麼容易的，無法用電腦印刷克服技術問題，必須用毛筆耗時耗力地描摹上去，何況燈籠表面有弧度，曲角大小也不同，有時寫完一個大尺寸燈籠，都要超過兩個小時。

唯庭曾為了趕訂單，「開夜車」奮戰到凌晨兩點，母親不捨女兒，遂在旁陪伴。有時遇到客戶突然要求趕製等等不確定因素，真會打亂母女工作節奏，但也只能咬牙撐過。

無心插柳到全心投入的心路歷程

「我花近兩年時間，才能很熟練的寫好一個燈籠。從前就是放學後單純地接聽電話，我沒想過會承接寫字這檔事。」唯庭說，要耐得住性子來寫，才能學到媽媽的真功夫。

唯庭大學念的是俄文，畢業後在幼托機構工作。唯庭說：「那時剛好想轉職，就在家幫忙，一晃眼走到了今天……」

擅用語言能力，揮舞自如，把文字藝術躍上燈籠，中英對照，打出名號。為了提升這行的競爭和適應性，母女倆還一起去天后宮看燈籠，和廟方討論有哪些是可以改進的地方。

傳承家藝寫出傳產未來

「女兒願意幫忙和參與，我也很感心。」于萱臉上，得意地掛著笑容。

聽媽媽一說，唯庭也貼心地回應：「我覺得有遺傳到媽媽字藝的基因喲，因為她說在懷孕時，還是持續不斷地寫燈啊！」

過去艋舺大拜拜，祭典搖滾音樂的舞臺背景燈籠牆，也是她們母女花了兩星期時間，才趕寫出來的。萬華寺廟林立，很多燈籠題字，就是馬唯庭和媽媽的傑作。

傳承家藝的美學在當下引發迴響，新富町文化市場交流在地特色，唯庭的燈籠題字技藝，備受矚目，受邀到場解說。

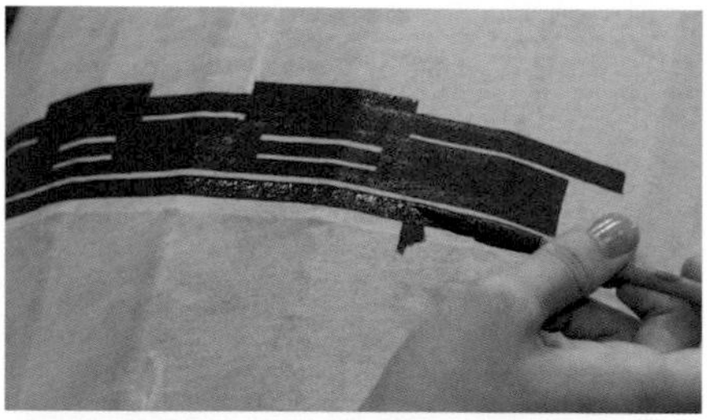
弧度、間距與力道，皆左右成品的細微末梢。

一方席坐屏息，揮畫著彩燈承延的世代。

臨摹輸出字版，絲毫見真章。

讓傳統燈籠充滿新活力

虔誠負責的營業信念，往往叫彼此成為一輩子好友。有臺東的客人訂了三個兩呎的「彩色果」字樣塑膠燈籠，收貨甚感滿意，還專程登門拿這兩只燈籠的運費過來，當面道謝，讓馬俊安一家人非常感懷。

用誠意日復經營，凝聚一家子的惜愛情感。

出自一對母女的傑作，許多客戶認為這些美麗燈籠，不應只侷限在廟宇，掛置各行各業店內，也是一種獨特的裝飾。

剛聽到時，反應也很新鮮，原本是傳統藝術，但唯庭把它詮釋得更有美感。

「我把它當作是一件稀特的藝術品來看待，感覺它是有靈魂存在的。」唯庭用自信的語氣說。

牛肉麵店的陳老闆說，剛開始聽到唯庭的故事也很好奇，和她討論後，讓這個燈籠結合中文店名品項和英文牛肉麵字義，高高掛起，很多朋友初來乍見，都會一而再再而三地詢問，紛紛拍照留念。

如同提筆作畫般流暢，氣派典雅的燈籠字體，鮮活地一一浮現「美感符號」，人生轉折的亮點，在年輕女孩身上映著閃亮希望。

中英文字合體，立意新創醒目。

靜心平氣做本分，此景意象教人跟著筆鋒「鑽研」。

各式廟宇神像器物，金亮耀眼。

與家人一同承攬店務，唯庭懂得融會貫通細心勤學。

布置奉祀典慶文物，一直也是店裡經手的品項。

近年繪飾的燈籠巧創趣變，走向新穎。

「三寶神明用品店」曾經榮獲臺北市政府艋舺亮點特色商店，也是高人氣店鋪。

燈籠垂飾亮潔盈炫，很是討喜。

瑤池金母整列排放，虔誠交集。

info

三寶神明用品

地址：臺北市萬華區內江街 168 號

電話：02-23888859

營業時間：09:30 ～ 21:00

基隆的那些人那些事，那些讓人想念的美食

雨，如是基隆符號，小吃美食雲集的廟口，假日人群鑽動的盛況，一直是基隆雨港浮現在所有旅人腦海的熱鬧印象。

貨櫃堆疊碼頭，黑鳶不時盤旋港埠，這日海水正藍，訂好票的遊人，意氣風發地盼著郵輪滿載一船歡樂，到遠方旅行。

行人天橋、地下道、高架車道，處處銜接到位和串起各自嚮往的目的，在基隆，到哪兒都好逛。

吃完現烤的吉古拉，逛逛百年糕餅店，續攤黑輪伯的燒賣，再去和平島挑挑活海鮮，廟口夜市飽足後，奔走崁仔頂魚市，聽著滔滔不絕的鼎沸喧騰直播現場，訴說終夜。

行腳雨港，任時光飛舞

看海，載浮基隆印象的港灣喧騰，船艇川流笛起，連結我昔年晃走之思緒。再往內陸移走，仙洞、大武崙砲臺、防空洞壕交織的歷史痕跡，也總有探索不盡的神秘感。

下火車，跟著大夥走在新站月臺，遠要比日常的悠閒緊湊得多。四股軌道單純筆直，我已然不知省去調車頭的繁瑣程序，莒光號早不再開進基隆站了，這年頭流行不需調頭的區間電聯車當家，便捷快速。

風雨飄搖，在基隆街頭，渲繪成淅淅瀝瀝的場景動畫，佈滿水珠溫溫柔柔的反射。午後，我踩著一地濕濘，又多了與雨水相逢的足跡徐行，間歇雨絲若有似無地落在臉頰。

走到海洋廣場一帶看看吧，隨興自白，我漫無目的的晃遊。

碰巧眼尖發現，現在虎仔山上，KEELUNG 地標 LED 燈光秀又有新的「競爭對手」，一旁座落的太平國小之外牆，多了昔日懷舊電玩的光景，但見一張圓嘴追著四個小精靈的醒目圖樣，教我心頭揚起童趣玩味的飄然。

在海港大樓前拐彎，續往西岸碼頭，受颱風環流影響連下了幾天雨，今日黑輪伯夫妻倆依舊撐起傘（場）面不缺席，守著一方生意人的毅力執著，彷彿港西街轉角的腹地，是專為他倆而預留。

基隆港埠，物換星移，見證數十年承轉的風華歲月。

逗趣的小精靈圖樣，巧然的鑲嵌在山頭，不經意看就會錯過。

郵輪泊港，激起與世界接軌的浪潮，吞吐汪洋行旅風采。

庶食小吃攤在仙洞巖外佇立四十年，口碑流傳。

仙洞巖是基隆老地標，別有洞天在裡頭。

狹窄處僅容一人側身通行，是名副其實的仙洞一線天。

洞內供奉佛祖殿堂，靜謐莊嚴。

成功橋下的鐵路平交道，依然市集錯落人車喧騰。

鍾情海洋生物手工品牌

榮獲「一〇五年基隆特色伴手禮」的基隆傘，是設計師佳韻融合印象，基隆具有的元素，都畫印在上頭，非常討喜。

陰雨霏霏，倒有基隆另類角隅的朦朧況味。

為了好好看看這把傘的原創地，我轉往八斗子一帶，走進「窩樓上」。

鯖花魚、小丑砲彈、鬼頭刀、魟魚、鯨鯊等等豔麗的布花素材，活靈活現地躍動，在小吊飾、抱枕、頸枕、零錢包和潛水袋上完美展演。

空間說來不算寬敞的工作室，佳韻與大宣各司其職，分工訂單款項，飾物包種類繁多，情緒一刻急不得，必須耐著性子扎實縫紉，才能呈現細膩的質感和韌度。

佳韻設計的基隆傘，網羅各表徵元素，深具情緣意念。

「我從小住在高雄，寒暑假我都會來基隆外公外婆家，看到很多的魚種，因而對海洋生物很有感覺，也喜歡接觸。」佳韻一邊操作縫紉機，有感而發地敘述。

從實踐大學服裝設計系畢業，佳韻在高級訂製服公司工作，學習刺繡，但因工時長，渴望一分對保育海洋的想像連結，她於是選擇創業，覓得一處工作室，開始全心投入。

感念心之下的海洋環保美景

透過圖樣設計、電腦手繪圖、打版（立體和手繪）、數位印花、針織、手縫、填充棉花等步驟，修修補補，栩栩如生的魟魚零錢包、鯨鯊吊飾是歷經費工的細膩修整，方能在眼前生動呈現。

「我喜歡製作魟魚的各型藝術品，牠的腹部有一個微笑表情，很容易注意。」

佳韻強調不論是經典款、限量款客製化布包系列，找圖片的前製準備非常具挑戰性，而試版時間往往未定，民眾必須耐心等候，好作品總是要層層的整備過程，不能馬虎。

「手作品牌，My Gluck，德文是傳遞幸福的意思，我們想把它裱框成一抹微笑的海洋概念。」佳韻口中，好似透露與大宣早有契合的工作箴言──「永續幸福」。

原本是來「窩樓上」喝咖啡的，大宣被佳韻的毅力感動，而成為工作室的一員。他開始學習平面設計和網路管理，以及文案翻譯，藉由網銷寬廣的能見度，讓更多人注意到海洋保育這一塊。

處處發現基隆人熱情，感懷於心

「我一直都覺得基隆人很是熱情，我戮力創作相關文創品，希望引起共鳴。」佳韻接著敘述：「有位住瑞芳的男客人表示，他苦等好幾年，終於看到代表基隆特色的伴手禮。」

「我們的品牌宗旨，是不過量生產，材料也特別挑選。雖然價格偏高，但講究以量制價，希望得到的人懂得珍惜留存，不要輕易把它丟棄。」佳韻訴說她的創業理念。

佳韻曾當講師，宣揚分享永續海洋理念和創業歷程，也有國小老師帶著學生前來工作室，希望小朋友認識海洋生物，具備生態保育基本概念，這些回音深深影響二人生活的重心，工作理念更為堅定。

大宣強調，他們所用的數位印刷染料符合規範，布包飾物內裡的一般棉，也改以有機棉取代，原麻袋還採用外包裝生物分解袋，這一切都是符合環境而做出的努力。

潮境公園宣揚海洋議題的市集，佳韻和大宣不會缺席，他們藉此交流，反而認識不少志同道合的朋友呢。

海洋魚類造型的抱枕和賞玩手物，獨到思維。

特別訂製的大紅龍，意外合拍，讓人留下深刻記憶。

大宣與佳韻，默契踩著踏實步調，串流光陰的故事。

各類漁種布包維肖相似，每一品項都讓人想蒐集。

工作室寂靜，隨而安定的創作，潛移默化孕育出人與土地的連結。

創作理念寓意環保遠景，賦予成品實用價值。

刻意保留原本咖啡工作吧，要老朋友記得「窩樓上」的美好時光。

側肩背包樣式顯眼，衣較高下。

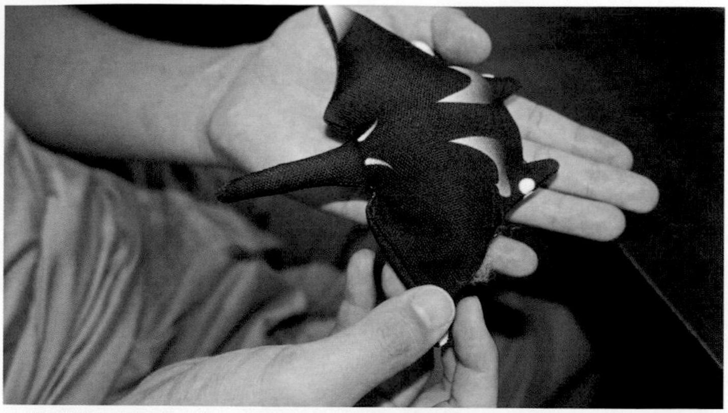
不比手掌大的魟魚布包，卻有小而巧的可愛 FU。

基隆海港生態概念餅乾

「有一陣子，凌風而翔的老鷹都消失了，近年環保生態意識抬頭，數量才又變多。來基隆除了廟口，還有許多值得一看的生態風景喔。」烘焙經驗二十年的兆豐，在基隆長大，看過無數展動的翅膀，劃穿雨晴蒼芎英姿的老鷹。

我凝望多樣的麵包糕點，受到櫥窗裡味誘召喚，因而有緣聽見兆豐一段「鷹緣海事」的地方曲，撩動雨港每一絲氣流的躍動氣量。

聞著麵包香，搭襯顧客往來律動的身影，「謝謝光臨，歡迎再來。」我置身海味人情店家，愜意的聆聽帥哥老闆「餅乾奇想」的來由。

斗大的字體「黑鳶飛翔」，與鷹王展翼的雄姿契合，兆豐研製的海鮮杏仁脆片，為基隆市鳥「黑鳶」做宣傳，表象港埠由來的守望者，特製手工融揉，標榜海味的在地濃情和特色漁獲，獲得基隆十大伴手禮食品類的殊榮。

基隆長大的孩子，如鳶鷹翱翔自我啟發

「我做出表徵基隆在地味的禮品，靈感來自從小望著天空展翅的黑鳶群。」兆豐說：「一片一片用手工去壓，其實很厚工(費時)。」

靠山吃山，靠海吃海，似乎貼切印證著他的心裡話。

黑鳶餅乾以劍蝦做基底，摻入高營養價值的海藻、墨魚汁，濃濃的海洋口感，再加入橘皮和檸檬去腥，以淡淡的水果香氣佐味，一次把鮮脆驚奇收到嘴裡。

「伴手禮是帶回一個印象，凸

顯一方海洋深層的活跳魅力。」兆豐說：「用牛皮紙當外裝盒，兼顧環保，也是自己一份心。」

因為食材特別，所以加碼用明信片表達，開發這項產品獲得殊榮，間接讓民眾認識和愛護黑鳶，加深對基隆印象，他與有榮焉。

海洋廣場「經典秀」是一幕盤旋環伺，甚而撲簌簌俯衝叼銜的影像上映，黑鳶群的數量與食物鏈，息息相關，是海洋永續重要一環。

不在乎視線裡的人車喧騰，每隻黑鳶竟日拍動節奏，翱遊海港時光。

年華正盛的兆豐，烘焙糕點融潤了鹹鹹海風，遊人來年回憶憑藉，會記起風雨無休的鳶群，和伴手禮給人的美味讚賞。

墨魚餅乾，品嚐一抹基隆海味典藏。

海洋廣場矗立的平臺，標示鳶源已久的共通語言─愛。

有成長情愫的深耕想望，兆豐研製黑鳶餅乾融合生態意念。

港埠日麗風和，鳶群傾巢翱巡，輪轉生態食鏈不變法則。

烘焙麵包糕點，不忘關懷生態人文，守著執念護著鄉情。

立意新猷，道地元素淬煉，禮深情意長。

小攤站前的晴雨日常

在基隆，每家店好比都有典藏似的性格，與時光「交陪」。

劉家臭豆腐

賣了五十年光陰歲月，七十五歲的小吃店老闆劉清山為感恩社會，連續十年在自己生日（十一月十四日）當天義賣店內食物，再捐給基隆市家扶中心。

我怎麼也吃不膩的庶民美味，臭豆腐和魚丸湯，又在此刻對胃，好像無論在哪個鄉鎮，都有難忘青睞的小吃攤，指引吸引我前來，這是緣份嗎？

吉古拉

吉古拉（竹輪，日文念chikuwa），也是基隆人熟悉的美食榜之一。三十年來，國山和瑞雲夫妻倆在正濱魚港現做現賣，用炭烤方式，將一根一根吉古拉包覆的美味，散溢出來，忙碌時，每天都要烤上千餘根，才夠應付滿滿訂單。

過去以竹子串燒的方式，常因燻黑燒焦，需不時更換，所以現在都採用不鏽鋼管替代，但美味依舊。

站前龍鳳腿燒賣

林強歌中讚頌的黑輪伯（鄭軾欽），風雨無阻屹立基隆前站，阿伯十四歲舉家自彰化來到基隆落腳，跟著父親一起做小吃生意。

他在碼頭港區繞行，賣龍鳳腿、燒賣、烤香腸、糯米腸等等給工人充飢，歲月更迭，還騎壞了四、五輛鐵馬，養活一家妻小。我問如今該享清福，不必這麼勞頓守攤，他微笑回應，出來跑跑，身體反而健康。

黑輪伯夫妻倆守候晴雨，賣一日是一日，質樸樂天度逍遙。

炭烤現做吉古拉，鼻息間似有抵擋不住的鮮香魅力。

清山大哥開店行善表率，臭豆腐韻味歷久不衰。

七十年如一日，每天凌晨兩點，就起床備料的黑輪伯，在基隆人物奮鬥誌，應用多姿多采的篇幅文藻，方得以深刻詮釋他的毅力吧。

車行雨夜，後會還有期

晚班奔馳的列車進行曲，與軌道磨合得格外響徹，坐在車廂裡，執筆夜行的迷濛，又有另般洗漱的乾脆。入夜的雨，像是早SEDO好的，一絲一絲，凝結成水珠，在窗前玩起，溜滑梯老調。

然而，管它雨下得寂寥與否，我只盼在筆頭歷歷記下，那百轉千迴的脈動人影與街衢，尋凡探遊，品味港都。

下回造訪，沒多計畫，想念了，就來尋好味，找老朋友。

info

My Gluck(窩樓上)

地址：基隆市新豐街 391 號 2 樓
電話：02-24690729
需預約

朋廚烘焙坊

地址：基隆市仁二路 208 號
電話：02-24285117
營業時間：平日 7:30 ~ 22:30，周末 8:00 ~ 22:30

劉家臭豆腐

地址：基隆市仁愛區港西街 19 號
電話：0936233411
營業時間：13:00 ~ 21:30

手工碳烤吉古拉

地址：基隆市中正區正濱路 27 號
電話：0921140048 | 0910251920
營業時間：需預訂，周一休

黑輪伯燒賣

地址：基隆市港西街郵局前

到蘭嶼作客，享受「普羅旺斯」的悠閒時光

到蘭嶼旅遊，不妨找個港邊位子坐下，一邊嚐嚐來自大海的新鮮飛魚，一邊聆聽震撼肺腑的海濤音浪，療癒一下疲憊的身心。

不暈船，白浪滔滔也不怕，乘風破浪下的我，神采奕奕地準備靠岸，放眼色彩飽和奔放的山景綠和海水藍，頃刻迷戀不已。我登陸蘭嶼告訴自己，就讓躍動的心盡情地跑跳碰吧，走，騎上機車兜風趣。

無餓不坐的愛情典藏

來到漁人村，小八代灣上頭座落「無餓不坐」的醒目招牌，餐坊所在是電影「等待飛魚」拍攝主場景，衝著高人氣造訪的口碑，我怎能不探個究竟？

翻閱記憶的韶光

我走入劇情世界，這回不用買電影票了，牆上彩繪和擺飾走濃濃的蘭嶼風情，木雕和裝置藝術都是手作，串串片片，薈萃十八年光陰的島情戀語，瞬間彷彿放映幻燈機似的，倒流穿梭時空的經典光粒。

來自臺北的夏琳，邂逅了租車行的安哥，三天兩夜的行程由安哥當起導覽員，並用最樸實的家常菜招待夏琳一行人。

到英國求學期間，夏琳浮現安哥給予她的初識深刻印象，處事為人體貼而細膩，遂鼓勵他把家鄉味的精髓，轉為一間有風格在地特色的美饌餐館。

咬字清楚，口音極有說服力，落落大方的夏琳表示：「我是愛玩鬧且叨念的射手座，安哥是脾氣直白，性子鮮明的獅子座。」兩個人於是攜手鋪陳了這間店的開門進行式。

夏琳與安哥，共同築起生活的快樂天地。

無餓不坐餐坊一直有著高人氣指數，熱鬧不已。

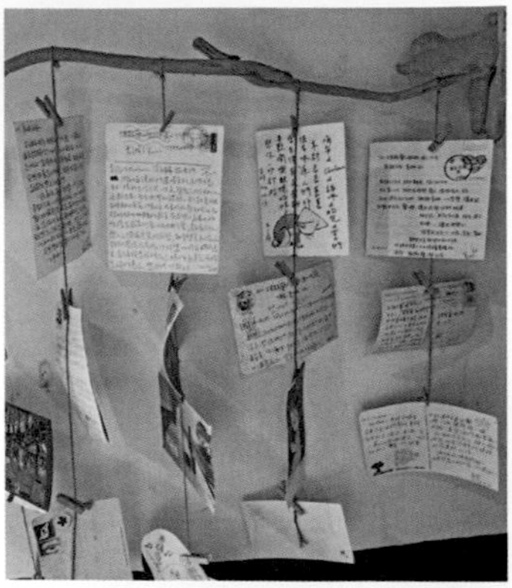

來自世界各地的卡片問候，是最有力道的情誼表徵。

拼板舟圖飾，點綴一股用餐雅致。

「食」在好吃的「飛魚風味餐」

文化差異迸出的交融火花，會在心中激起很大的漣漪。「經營以來的心得，是遇著來自各地的人，給予的話題與談心的愜意感。」夏琳分享著。

「從小島看世界的感覺，一直以來都很揉合，也叫人動心，遇見國內外朋友，特別的想法一再衍生，交流往往能學習新思維，一如哲學家伊比鳩魯（Epicurean）與學生們分享的意念，彼此徜徉知識、友誼與美食的快樂生活。」夏琳侃侃而談她在蘭嶼生活的感想。

「閱讀、寫作、經營，向來是我的生活重心，每每和滿懷熱誠的小幫手開心談笑，交流心靈的日常收穫，就是我手札裡最真實的人生風情畫了。」夏琳眼中顯露著深邃想望。充滿蘭嶼人文元素的妝點空

info

臺東富岡往返蘭嶼船班全年開航，後壁湖往返蘭嶼船班因受東北季風風浪大影響，每年三月中旬至十月初開航，其餘月份停航。而相關因應連續假期，各船班加開時間與受天候海象因素影響導致停航，請電詢各航線，以船公司公告為準。

info

無餓不坐

地址：臺東縣蘭嶼鄉漁人 77 號

電話：089-731623

營業時間：11:00 ~ 13:30，18:00 ~ 21:00，周三休

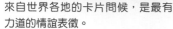

間，每一處細節，都蘊涵了每一年旅遊旺季的五彩斑斕，與那分凝聚深摯友誼，而寫下的真心話。

「飛魚風味餐」端上桌，海陸號角齊放似的精美擺盤，人們吃著最新鮮的上岸海味，佐上芋頭地瓜，濃鮮甜潤的滋味，讓心情跟著飛揚。打工換宿的學生與各地來的幫手伙伴，和遊客齊聚一堂，言歡逍遙之際，也「食」在太有趣了。

自詡要成為「蘭嶼的普羅旺斯」，很有海洋島嶼特色的餐廳，和安哥與夏琳觀星話語，眷戀海味的一起伊比鳩魯吧。

飾品架一隅，融合海韻美感。

騰空而飛的木雕飛魚，應景而生。

餐坊內部，滿滿散發的蘭嶼文化布置風。

請進，我們準備豐富菜色，大夥一起伊比鳩魯吧。

水煮飛魚，滋味肥美。

飛魚風味餐，澎湃上桌開動。

牆邊有趣的吃飯小叮嚀，讓人開懷。

小幫手齊聚一堂，閒話也綿綿。

餐桌造型，也是島嶼風情對話。

自然共生的傳統地下屋

為因應多風多雨天候，防範冬季東北季風和夏季接踵而至的颱風，達悟族人很有遠見的建造地下屋，與大自然共生共處，是一種生活符號的象徵。

寬心入住，別怕跟昆蟲當室友

「有人物和海浪符號的圖騰，冬暖夏涼。」我為體驗住宿傳統地下屋而來，這一夜，在文化溫柔又細膩的保存聲呼喚下，虔敬道出島嶼族人智慧建築體的棲居意涵，也深刻悟出蘭嶼文化的美麗傳承力量。

達悟族傳統房舍分為主屋、工作屋與涼亭。涼亭白晰的輪廓吸引我的視線，坐在裡頭望向大海，吹著風兒，讓它輕輕揚起衣角，頓時眼眸那片恣意奔放而自由的海藍，當下徹底地生動而任性。

我畢恭畢敬，住著有百年歷史的地下屋，桌上溫馨小叮嚀有一條寫著：「入住自然，昆蟲有時會入屋造訪，在所難免。」見微知著，小小環節都可看出屋主施松元與自然共融的修養與性情，令我敬佩。

達悟文化圖騰，每一筆畫精美細膩。

地下屋內景，充滿自然和諧共生的智慧樣貌。

同自然共眠的天籟曲

就這般地，我聆賞大自然譜出的多重奏，聽著清晰而重覆的海韻遞嬗，不知名蟲叫聲徹夜伴隨，偶而還傳誦個幾聲雞鳴，說實話，我好喜歡這裡鄉村純樸的天籟，環繞不歇綿延而無時。

天剛破曉，我迫不及待地出門，呼吸第一口蘭嶼早晨醞釀的清新空氣氧分子，狗兒俏皮地爬走或是蜷伏在屋頂上，大大小小肥碩不一的豬隻，在周遭散步覓食，咩咩的羊群，跟著領隊在小徑坡邊走走停停，悠閒逛蕩。

「曾有兩個法國背包客，浪跡天涯海角，來蘭嶼入住地下屋一個星期，終於心滿意足找到了他們內心的『桃花源』。」施松元記憶猶新地對著我說。

地下屋結構，搭配石塊堆砌，如堡壘般堅固。

在屋頂上坐臥的狗兒，用一副無辜表情與我對望。

破曉光束，彷彿穿越地下屋過往今來的史頁。

俯瞰野銀村點點地下屋，美景盡收眼簾。

清晨偶遇，三隻散步遊蕩的小豬。

大大又沉甸甸的浮球，靜悄悄地裝飾著店貌。

煙媽的店新開張

瞧見門口掛著深海浮球的噱頭，我光臨開店才十來天的煙媽「089 餐飲店」。

新鱻海味佐林投果汁

只加醬油單純拌炒，配上費手工挑刺的飛魚乾，這盤炒飯散發的香噴，已然「嚇嚇叫」了。曬乾後單純的抹鹽，忠於原味，再大火酥炸的飛魚一夜干，接續上桌，好吃得讓我連魚骨都一併吞嚥入肚，道地嚐鱻的飛魚，詮釋著蘭嶼美食符號。

林投果汁喝來泛著淡淡的微香，搭配簡餐協調可口，品嚐林投果實，舌尖傳來有如蕃薯般的清甜細綿，好吃的讚聲此刻與心中的期待，意外合拍。

「要深入密密麻麻的林投樹叢中，用鐮刀去擷取長在植株高處的果實，顯得吃力呀，除了果汁料理，一般我們都會拿來和地瓜一起煮食。」一聽聞煙媽解說，看著冰在冰箱裡沁涼滋味的林投果汁，我似乎為喝到林投果汁的收穫感，竊喜於心。

煙媽女兒和同學，一起叫賣林投果汁的原始鮮甜。

炸飛魚與飛魚炒飯，美味得令人難以招架。

鮮橙橙的林投果，讓我少見多怪的留下深刻印象。

美好午後時光—阿優以（Ayoi）

打理一條條冰庫裡的飛魚乾的雙手忙得很，「要靠旅遊的旺季，才有錢賺啊。」原來兼營租車行業的煙媽一家，四月跨足做起飲食生意，也販售手工飾品，希望憑自己的手藝將蘭嶼美食、精品推廣給遊客們。

窗口飄拂的海風，微微徐徐，觸引著我的眼神望外一覽美景，我想，那是蘭嶼海水亢奮之際，所展現的海天一色湛藍。

離開時一句「Ayoi阿優以！」的告白，原來那是達悟族語「謝謝」的意思，我會記得在這個小小天地，陶醉觀海用餐氛圍，很悠然的下午時光。

親切好客的煙媽，阿優以。

蘭嶼新餐坊 089，客人請進。

info

089 餐飲店

地址：臺東縣蘭嶼鄉椰油 85-1 號
電話：089-732238
營業時間：10：30 ～ 20：00，周三休

漁樵村落的人文符號

丁字褲、拼板舟、飛魚、地下屋、芋頭，代表著蘭嶼的萬種風情。和臺灣平原上的稻米文化不同，蘭嶼每一片綠禾秀麗田園下，種的作物是芋頭，也是一大人文景致。

海風習習，蘭嶼居民扛著工作袋，向海的方向走去，率性直白，這樣的日常寫實，是村落裡的人文符號，灑脫自得，鄉情流露的島語意象。

我望著天空的雲，好似不時嬉戲俏皮地排成一條條準備乘風破浪的飛魚，在晴空中飛逐，眷顧著達悟聚落，庇佑蘭嶼。

芋頭田自然風光。

風和日麗，曬曬風味絕佳的飛魚乾。

info

蘭嶼交通：

► 德安航空（臺東往返蘭嶼）

班機時間查詢與訂位電話：
089-362485 07-8014711
德安航空臺東櫃檯：089-362676
德安航空蘭嶼櫃檯：089-732278

► 客輪航班

綠島之星客輪

時間：
臺東富岡 ---- 蘭嶼 07：30 13：00
蘭嶼 ---- 臺東 10：00 15：30
訂位電話：089-280226

綠島之星客輪

時間：
恆春後壁湖 ---- 蘭嶼 07：30 13：00
蘭嶼 ---- 恆春後壁湖 10：00 15：30
訂位電話：08-8867850 0975033929

金星五號客輪

時間：
臺東富岡 ---- 蘭嶼 09：15
蘭嶼 ---- 臺東富岡 13：00
訂位電話： 089-281477

恆星號客輪

時間：
恆春後壁湖 ---- 蘭嶼 07：30 13：00
蘭嶼 ---- 恆春後壁湖 10：00 15：30
訂位電話：089-281477

住宿資訊：

蘭嶼 262 民宿

地址：臺東縣蘭嶼鄉野銀村 16 號
電話：089-732981

高聳天際的達悟勇士圖騰。

有趣的蘭嶼生活小簡介裝置藝術，屹立路旁。

「樵」見山城臉譜，木雕文產的過去和未來

生、旦、淨、丑，千餘種臉譜，每個角色的背後都有不為人知的故事，把時間交給館主夫人，聽她細細娓娓道來…

「我們一家在SARS期間，因為木雕產學生意慘澹，四個人花了三年的時間，照著譜書繪成千餘種臉譜角色，而且都不重覆……」

國劇臉譜的忠奸善惡

來臉譜文化館開開眼界，為自己空白的國劇見知多所著墨，我請教妃玉老闆娘箇中典故，亦步亦趨地端詳館展，好比上一門文物歷史課般受益匪淺而長知識。

木雕文產畫臉勾眉粉墨登場

牆面四方漢子，有的氣定神閒，亦有嘴歪眼斜，或有正派剛強，也不乏彎眉眼間，一副了然於胸的雄赳架勢，這簡直像極了整裝待發的軍師團點將錄，排排序序地等著主帥一一唱名。

肝膽俠士，結合魑魅魍魎形貌角色，歷史人物在此「齊聚」，我解讀如像回到未來般與現代人面面相視，輪番上演千古傳誦的劇曲故事。

或「淨」或「丑」的化妝角色，一個臉譜，一性格，一身分，一地位，一善惡，一褒貶，從主色可以大致看出後人詮釋歷史人物的特徵與道德評價。紅表忠勇，白趨奸詐，黑示剛毅等等，原來，圖案線條、色彩、譜式（式樣）都有涵義在的，我心中的白紙，終究沾了些許墨水，開始摸到一點頭緒。

掌中臉具，傳續木雕文產的未來。

環顧牆面，詮釋時代人物所表徵的歷史風評與影響。

線條用色賦予的性情意念，其來有別，各自表述。

用心，就能找到木雕文產出口

「我是美術畫畫科班出身，在木雕加工區塊可以創新琢研，成立文化館，對產創發展更有加分作用，未來我希望能將這些館藏臉譜，延伸歸納三義木雕文化的範疇，縱使沒法那麼快達到目標，我深信館內點點滴滴，都是一個很宏觀的瑰寶資產。」妃玉的殷切，如涓涓細水綿長可期，堅信只要有心，文產遞嬗的工作，總是會走出一條康莊道路。

「會不會深感推行臉譜藝術，是個辛苦歷程，你們得到相對支持推動的助力嗎？」我問。

「不管政府未來對京劇臉譜的政策，有無新思維，我們一家人都會堅持下去，記錄走過的歷史，分享這項國粹價值。」妃玉語氣滿是肯定地表示：「無論再多轉折遭遇，我們一定會堅持到底。」

「我們遇見臺灣戲曲學校的師生。一靜一動，他們負責展演京劇，我們推行臉譜展出，相當巧合而有趣的邂逅。」妃玉回憶文化博覽會時，說道：「緣份亦將彼此牽繫到山城，之後他們來我的文化館做戶外表演，再一次推波助瀾，讓民眾欣賞精湛的演出，我由衷感激……。」

親子參與樂融融，畫臉譜體驗佳評如潮

妃玉說：「一到假日，許多初次接觸臉譜彩繪的大小朋友，此起彼落的笑聲，盈溢滿屋子。DIY 畫臉譜體驗是最安全的，內容非常豐富，臉譜角色的顏料散發生動光采，變得迷幻又美麗。」

人生百態的縮影，可以幻化在各種人物抽象、良善、歷史定位的神韻面貌，這項傳統文化，有它一定精粹意涵融會其中，臉譜文化園區，可讓民眾親身去觀察、去描繪、去勾尋每一個角色定位的社會影響力，以及褒貶善惡的過往文史。

「曾經有榮民伯伯來參與繪製，看到他們邊畫邊唱的逍遙模樣，我內心也隨之激盪起來，因為這是一種有共鳴的見證，實際以行動支持傳統藝術的愛戴。」我看見妃玉眼神露出藏不住的動容，此刻欣然，溢於言表。

彩繪臉譜，一筆一畫皆有箇中的細膩性，可以磨磨性子。

妃玉與兒子一同描繪臉譜，兩代齊為傳產盡心盡力。

連聖誕老公公都來湊一腳，
館藏豐富，時而增添喜感。

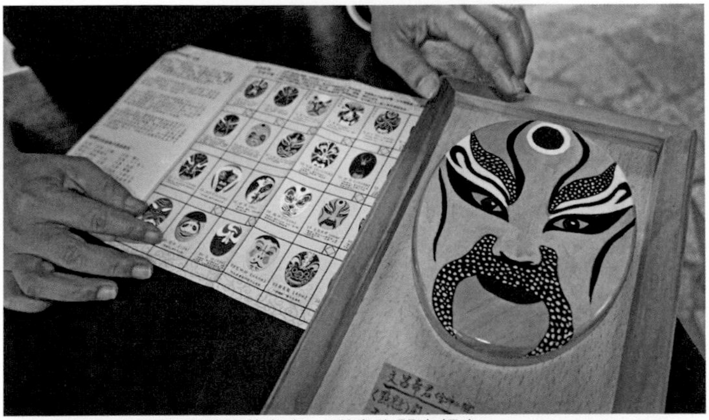

文昌帝君向來是頗受關注的角色，譜書詢問率頗夯。

泡茶話劇憑添意趣，生活也
能循文化藝術變得充實美妙。

文化館彩繪空間，安靜時或有另種溫雅脫俗意境。

三義的藝文風采符號

匾額、屏風、茶盤、桌椅，是妃玉夫妻倆營業門市的品項，當時景氣蒸蒸日上。後來因公公身體微恙，孝順的二人為全意照顧，八十八年間不得不將木雕門市暫停。

一性格一地位，刻畫淨丑角劇風雲歷史。

會心地笑著，妃玉看好木雕轉型所衍生的創意價值。

轉型：危機，有時候就是轉機

「轉來山裡（那時叫山板橋），我們開始嘗試另一領域的挑戰，政府推行休閒農業正夯，丈夫家中是農業生活，因而全家開始學習經營管理，也試過種稻、種菜、種花，但我們還是把生活重心，擺在木雕加工的工作室。」

妃玉負責書寫字畫細部加工，丈夫專職噴漆與造型，行銷大致以生活家具為主，日子還算過得去。

「我們接觸農會的四健會（身心手腦，精益求精）課程，八十八年開始教導農村青年木雕班。」妃玉表示配合轉型嘗試，才有文化館落成的一天。

九十二年SARS期間，農園遭遇困頓，乏人問津景況下，一家人只能待在工作室繪圖，一繪就是三年的光景。於是，用木雕文化傳承背景，結合繪畫臉譜教學，成為夫妻倆思考永續經營的新方向。

妃玉指出由基礎的平面、立體板模到繪製臉譜，每一期學童契合度最高的，就屬臉譜文化這一塊。當前木雕業，要更完美，就要有創新，結合現代藝術家。文化館非常鼓勵遊客發揮，只因用時間累積做出來的東西，都很值得珍惜。

「當人生遇到挫折，不要灰心喪志，有時候，危機就是轉機。」妃玉說：「改成臉譜彩繪，形成更好的推行教育，臉譜素材是孩子能接受的，故事他們都聽過，所以我們把這一塊延伸下來，分享這種精神，在山城找到出路。」

聆聽一番深摯抒情，我在思緒

大型臉譜裝置戶外展示，裡外呼應的趣味性，相得益彰。

與竹林排立，構幅一隅意氣風發的態勢。

裡自白：「人生幾經轉折，是否讓心境適時開敞，或暫且放下，反而會有深切的悟得？」

靜謐的氣氛，我只聽見電扇徐徐來回轉動，曾經讓一家人凝聚情感的契合心，是不是依然隨微風蕩漾，讓木雕產業代代相承，迎接未來的每一分每一秒。

有了新顏料加持，不讓劇臉繼續黯淡

在園區走看，林蔭扶疏，巨型的臉譜造景四周坐落，隨處兜來轉去都很悠閒。若想在山城住一晚，感受幽靜與沉澱心情，「愛面子民宿」也是館主一家人的精心安排，讓遠來的人客不必急著摸黑賦歸。

如果對任何「面子」話題有興趣，不妨從容地把臉譜文化生活館，再仔細端倪一番，這的確是文化資產瑰寶，在山中默默地承載一個時代所囊括的文藝符號。

園內藝術陳設與自然景觀相搭襯，益發動人。

室外雅座，引人悠然暢寄的消磨時光。

一種沒來由的心裡直覺，讓我這個從未對國劇臉譜有過照面的門外漢，開始動容。也許是熱衷國劇的朋友，尚無法一同攢假，來個臉譜彩繪大會師，我還是深信妃玉隱喻在話中的滿滿期盼，對於這個無悔產業所投入的真心與熱誠。

有了新顏料加持，歲月的洗滌，就不會讓劇臉繼續黯淡，臉上符號，會持續發光發熱下去的。

昏暗夜色驅車北返，妃玉提醒我歸途謹慎應付山路，縱使文化館未來的路還要奮力向前，我依稀看見她臉上，浮現一方舟楫，順水而行，那樣的翩然，瀟灑自在。

「好書葫」的原木杯墊與葫蘆杯具，亦是館內開發的新品項。

縮小可愛版的卡通與藍衫相思木掛飾，模樣討喜。

繪畫千古風雲人物，筆墨好似跟著輪轉滄桑。

木雕結合彩繪文創，是產業轉型新契機。

臉臉譜譜，花花彩妝看世境。

info

山板樵休閒農場

地址：苗栗縣三義鄉雙連潭 138 號

電話：037-875766

開放時間：9：00 ～ 18：00（假日），平日需預約

http://bc.emmm.tw

交通資訊：由國道一號三義交流道下，經 130 東線往大湖方向抵達。

「一路發」制高點，發現人情味滿載的小店

在芭崎瞭望臺享受蔚藍深邃的視覺美感，在叢叢樹影的清涼縫隙，竟有一隅清新脫俗，自然薈萃的窩心小店…

從花蓮市郊越過大河抵鹽寮，吃龍蝦大餐與否，隨人荷包厚薄決定勝負，途經水璉，漸緩上至芭崎高臺，往磯崎天空步道凌空微步，再續往新社，一股旅途才特別有感的活力元氣，正悄悄在豔夏裡發酵。

瞭望站小店散發吸引力

暑遊，找蔭涼處放空，由制高點芭崎瞭望臺俯瞰太平洋，海天交際線，早止不住兩造神工恣意的畫作，鋪天蓋海，呈現鮮麗飽和的藍。蜷蜷白雲，偏要湊一腳熱鬧，像極了稚童手中不停迴旋纏綿的棉花糖，繞著繞著，就在空氣中凝滯。

林梢裡陣陣鳥囀，不著痕跡地歌頌大地美物，卡嚓卡嚓，瞭望臺的「經典款」拍攝角度，總一再迷人心境的叫我按下手中相機。心頭思緒開始駕馭眼神，暫且霸占這一片平移視野，靜氣沉澱，懷想放空的自在。

這一刻，詮釋一個旅人擁有的低度奢華，我醉心蟄伏已久，望穿東海岸的企望，滿懷盡收。

涼亭上，掛著解說噶瑪蘭族香蕉絲編織流程，一旁陳列文創的店鋪，又好似在為休息站，下個小而美的翩然註解，我試圖問個來龍去脈，於是走進小店探解究竟。

眺望蔚藍海岸，心情也隨之開朗舒暢。

芭崎賣店，不若一般傳統店鋪，而是提供休憩與文創智識為主的充電驛站。

吸引遊客目光的鄧柏

攀滿藤架的店花，名叫鄧柏，她總是搖曳生姿，不停地和風兒嬉玩，美麗的淡紫色花，總是吸引遊客目光而不停拍照。

春子和國菊（小豬）這對姐妹花，加上自強的從旁協助，把這間小小店面經營得簡潔俐落，頗有特色。自強是編織衝浪繩的熟手，他的部落是布農族在花蓮海邊的唯一族群，故鄉在離海稍遠的高山部落，自強也是國菊二姐任教磯崎國小時的學生，因緣和合。

跳脫藩籬的特色店鋪

吳秀梅老師製作原住民十六族的酒衣袋，陳列架上分外受人矚目。

舉凡東海岸藤編、薏米珠、太魯閣族手工櫸木彈弓（電燒筆在彈弓上做畫）、菱形紋手工袋、琉璃珠、香蕉纖、阿美族魚簍與檳榔種子做的小娃娃，甚至國菊小學同學親手做的陶笛，都是集花蓮各地藝術家作品之菁華，薈萃技藝的手工創作。

春子（右）和小豬，憑花蓮生長的記憶，拓印在瞭望臺周邊，與人分享藝術原創。

酒衣袋是原住民文化表徵，詮釋生活風格特色。

展掛產創衣料為店貌主軸，更增添一幅山海文藝的律動感。

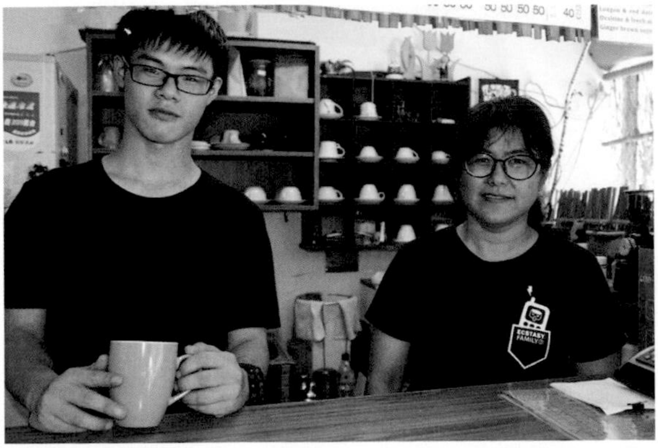

春子和兒子一同招呼，提供飲品，各式器皿羅列有致，經營遠觀頗令人稱道。

串飾懸掛爭艷，等候旅人青睞結緣。

藤編結構牢固耐用，成了生活簡配好幫手。

阿里蹦蹦承襲祖先巧工，適應自然發揮潛能所長。

織質韌實耐用的置物袋，美觀也便於攜帶。

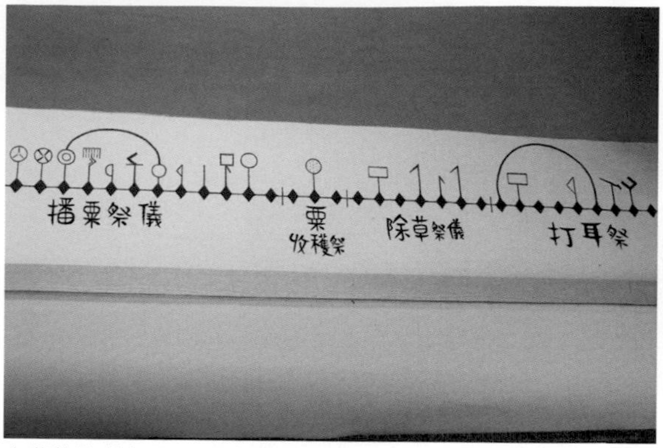

布農族傳統年曆，是自強手繪的傑作。

檳榔纖維塑造的娃娃公仔，俏皮模樣引人注視。

冷熱飲冰品咖啡應有盡有，厚片土司、舞鶴柚花茶、舞鶴蜜香紅茶等種類，以及春子手工特製的百香金桔蒟蒻果凍、黑糖鮮奶酪、綠茶鮮奶酪、舞鶴蜜香紅茶蒟蒻果凍、竹筒飯、月桃小米粽，在涼亭稍坐小歇，吃來滿是香味Q彈的風味。

我點了百香金桔蒟蒻果凍，接過手來就像是兒時過年拿到燙金壓花紅包似地莫名興奮，聞來清芬可口，入口更帶著一分嫩度口感。

掛在架上的藝術品似有獨特手勁加持工法，我睜了眼端詳許久，小豬叫出它的稱呼「alibongbong」。

阿美族的「阿里蹦蹦」，是族人將林投葉分切四條後去刺，巧練地編織而成，做為裝米食的器物，也是出門便於攜帶的「傳統便當」。

寄情天地雲水間，放鬆身心靈

芭崎瞭望臺是花東海岸風景區制高點，海拔一百六十八公尺，有一路發的諧音，沾點喜運的想像，教我會心一笑。店裡備有打氣筒，為鐵馬族「加油打氣」，讓人窩心。

偷得浮生半日閒，來此吹海風，一旁還有設置閱讀小站，有時這裡安靜到可以看書當文青，花蓮在地文創者提供的書刊，相關海洋、童書、醫療，累了坐下歇歇腳，沉澱自己思緒，倒是挺不錯的。

我習慣讓第六感給自己的雙腳打包票，在不經意的角落往往別有洞天，一處文藝品小瑰寶天地，專門量身打造，提供給旅途中慢步調的悠哉旅人。

人情馥郁的店家，感受質樸樂天性情，看我邊拍照邊筆記的模樣，春子和小豬一語中的猜出，我樂愛人文紀錄半旅遊方式，所以對她們不起眼的小店鋪，總有遇到寶物般的驚喜反應。

綠意布滿休憩亭，山蘇大王森活氣息沁人身心。

木格子外樑架構，晴空下線廓鮮明，如畫般動人而悠然漫步。

鄧柏藤蔓花姿婀娜，頓時搶沾賣店人氣。

從這個角度視線看海，春子說是她最風靡的第一抉擇。

吃喝賞玩問路，足窩心

加油兼打氣給人客滿滿休憩感

前不著村，後不著「修車店」，幸好「借問站」備有打氣筒，也提供黃油、車輪油，不時為鐵馬一族「加油兼打氣」，讓人有感服務周到。不過因為油瓶外形太像飲食店的醬醋調味罐，常讓人產生「餐飲加料服務」的錯覺，莞爾一笑。

「借問站」的資訊透明清晰，清楚標示，鹽寮到豐濱的主要族群分布圖、花東海岸公路沿途高度剖面圖、牛山至三富溪賞鳥步道，均一目了然。

公布欄內不傾向商業化巧語飾言，主要想告訴你的是關於這兒的原貌景致，原民智慧文化的繽紛。

就是有心，所以「芭崎夏宴」年年一場接著一場辦，「遊芭崎，做芭崎DIY明信片」、「神奇藤編藝術展」、「彩繪原木」、「部落懷舊照片展」、「旅客留言分享展」等等活動串連深刻的觀感，張文妍皮雕老師、東海岸藤編達人「馬蓋先」彭福生先生、阿里蹦蹦阿姨、口足畫家林根鴻、原木彩繪高手黃遙山……眾多藝術家的作品，也都在此搖曳生姿、散發親和力。

拿著印好「經典款眺望角度」的明信片，春子說：「用圖章營造芭崎的印象，自己看角度，抓住園區特色，蓋下自己喜愛的圖案，不是挺有意思的嗎？」

這是姐妹二人展覽過程裡莫大成就，只因從小看著生活長大的朋友，也希望為彼此留下一些深切的歷史記憶。

黃油、車輪油與打氣筒，貨真價實的為您加油兼打氣。

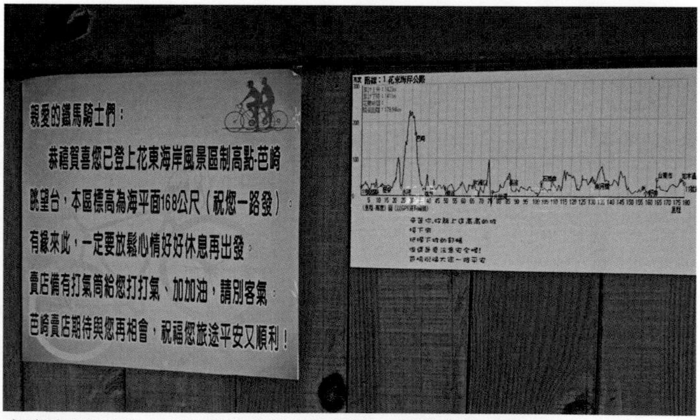

高度表剖面圖，戶外地理學的知識溫習，很有創意味道。

姐妹倆每日專程由市區往返顧店，為客人送上溫暖問候。

手作圖章應景刻畫「山海與山蘇」之邂逅。

小點心配搭健康飲品，休憩之餘還有野餐的風趣。

信任是一種感動的符號

大葉欖仁樹幹，恰好彎成一副彈弓模樣，鄧柏的花朵，隨風晃蕩而起舞，山蘇大王，依舊穩如泰山的向下扎根，有人或許問說「來到這裡除了天然美景、廁所、涼亭與小店，還有什麼意料之外的收穫？」

「做的東西簡單就好，不要改變原有的風貌，我認為這裡，不失為一處沈澱身心的旅遊中繼點。」春子姐說。

她認為周遭鳥類生態豐富，休息站把全臺各縣市的鳥類圖鑑展示出來，增設知性保護生態的宣導功能，很有社教意義。

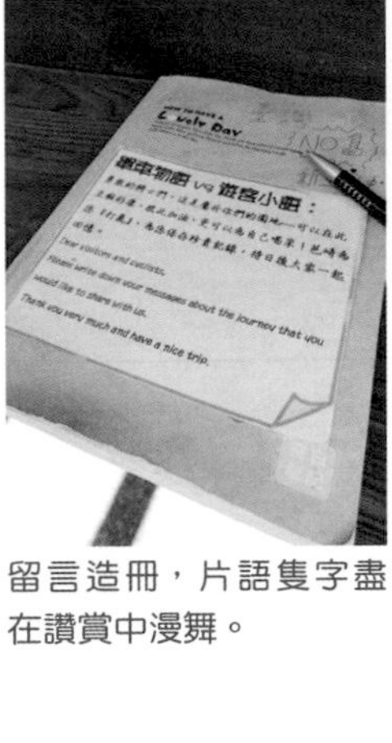

留言造冊，片語隻字盡在讚賞中漫舞。

曾有新社國小的三位畢業男學生，透過徒步方式收集祝福，走訪豐濱鄉，芭崎瞭望臺就是他們集氣的第一站，因為，他們信任這兒的純真，深信賣店的良善立意，堅信海天瞭望的沈澱塵囂，令春子姐妹感動於心。

「如果今天小店有一些特色，就是比別人多擁有在地資源，珍惜朋友的到訪問候，而不是商業利益的狹隘考量。」春子姐感性表示：「信任，所以朋友把東西交給我，在此和有緣的遊客面對面接觸，認識文化特色，友情，的確是無價的。」

騎上機車回花蓮市區，腦子還不捨瞭望臺的種種憧憬，尤其是春子姐的「有點年紀後，回鄉，就會更珍惜工作環境，只因你我，懂了信任、感恩與知足。」這席話，旋入我耳際迴響許久。

豐濱天空步道，景觀壯麗，居高臨下。

info

芭崎賣店

地址：花蓮縣豐濱鄉臺 11 線公路 31.5 公里處

營業時間：9:00 ～ 17:00

豐濱天空步道

地點：花蓮縣豐濱鄉臺 11 線公路，於 41 公里新豐隧道南側出口迴轉，沿舊公路往北抵達。

開放時間：9:00 ～ 17:00

新機隧道遊憩點，遊人不歇。

國家圖書館出版品預行編目資料

發現身邊的美麗角落 / 黃明君文．攝影．-- 初版．
-- 臺北市 : 華成圖書, 2018.07
面 ;　公分．--（讀旅家系列 ; R0103)
ISBN 978-986-192-326-0（平裝）

1. 臺灣遊記

733.69　　107007774

讀旅家系列　R0103

發現身邊的美麗角落

作　　者／黃明君

出版發行／華杏出版機構
華成圖書出版股份有限公司
www.far-reaching.com.tw
11493台北市內湖區洲子街72號5樓（愛丁堡科技中心）
户　　名　華成圖書出版股份有限公司
郵政劃撥　19590886
e-mail　huacheng@email.farseeing.com.tw
電　　話　02-27975050
傳　　真　02-87972007
華杏網址　www.farseeing.com.tw
e-mail　adm@email.farseeing.com.tw
華成創辦人　郭麗群
發 行 人　蕭聿雯
總 經 理　蕭紹宏

主　　編　王國華
責任編輯　王國華
美術設計　吳欣樺・陳秋霞・黃安圻
印務主任　何麗英
法律顧問　蕭雄淋

定　　價／以封底定價為準
出版印刷／2018年8月初版1刷

總 經 銷／知己圖書股份有限公司
台中市工業區30路1號　電話　04-23595819　傳真　04-23597123